U0852314

股票期货职业炒手培训学校

［日］林辉太郎 著

毛兰频 译

地震出版社

Seismological Press

图书在版编目（CIP）数据

股票期货职业炒手培训学校/（日）林辉太郎著；毛兰频译．
—北京：地震出版社，2017.7
ISBN 978-7-5028-4841-5

Ⅰ.①股… Ⅱ.①林… ②毛… Ⅲ.①股票交易 ②期货交易
Ⅳ.①F830.91 ②F830.93

中国版本图书馆 CIP 数据核字（2016）第 327065 号

林辉太郎 相場師スクーリング
ISBN 978-4-496-04509-7
本书简体中文版权专有翻译出版权由**同友館**株式会社授权地震出版社在全球独家出版发行，未经许可，不得以任何手段和形式复制或抄袭本书内容。

地震版 XM2591
著作权合同登记 图字：01-2012-1625

股票期货职业炒手培训学校
［日］林辉太郎 著
毛兰频 译
责任编辑：薛广盈
责任校对：孔景宽

出版发行：地震出版社
北京市海淀区民族大学南路 9 号　　邮编：100081
发行部：68423031　68467993　　传真：88421706
门市部：68467991　　传真：68467991
总编室：68462709　68423029　　传真：68455221
证券图书事业部：68426052　68470332
E-mail：zqbj68426052@163.com
经销：全国各地新华书店
印刷：廊坊市华北石油华星印务有限公司

版（印）次：2017 年 7 月第一版　2017 年 7 月第一次印刷
开本：787×1092　1/16
字数：147 千字
印张：9.25
书号：ISBN 978-7-5028-4841-5/F（5540）
定价：28.00 元

译者序

当一名职业炒手，没有那些复杂的人际关系，既不必看别人的脸色，也不必每天挤公交车，就能过上衣食无忧的生活，这是很多人的梦想。但怎样才能成为职业炒手呢？是靠自己摸索？显然代价太大，你很可能在还没有摸索到行之有效的方法之前就已经爆仓了。有生命力的交易方法基本上都是经过几代人的传承积淀下来的，所以最好还是有老师指导，或者进入交易培训学校学习。本书就是日本著名的投资大师林辉太郎先生撰写的培训教材，是专门为初学者了解投资是怎么回事而写的，怎样做才是正确的学习方法？怎样才能在市场中获利？他通过亲身实践与学员交流，将初学者身上的一些通病一一展示出来，然后解析了几个成功的职业炒手是如何走上稳定获利之道的。

大道至简，这些成功的职业炒手都是使用了极其简单的交易方法。例如，书中介绍了一个卖菜出身的交易者，他的交易方法就如同卖菜，今天进的货有萝卜、西红柿、芋头，若萝卜和芋头卖得好，有可观的赚头，而西红柿卖得不好，亏损了，按照卖菜的方式在天黑前即使亏损降价也要处理掉西红柿，只要总体有赚就很好。这与不好的股票即使认赔也要卖掉完全一样。但反观我们普通投资者，很多人投资都是将刚刚有一点盈利的股票卖掉，而对于套牢的股票死死的抱着不放，甚至还不断逢低补仓，最后由小亏变成大亏，直到实在无法忍受巨亏，才忍痛斩仓。

我们普通投资者在交易时，经常是看好一只股票全仓买进，很少把资金分成许多份来使用。书中列举了一个例子，讲述的是职业炒手买股票采用“分批开仓”的方法。林辉太郎先生在认识日本有名的操盘机构——“是川银藏”以前，早在1973年，就与池田总理大臣的远房亲戚——近藤荒树见过面。在当时近藤荒树的财产已经有几十亿日元，他给林辉太郎先生看他的大成建设股票的交易报告，交易记录显示他每天只买2000股，相当于我们的2手（日本购买股票的最小单位是1000股，中国是100股）。近藤荒树每天买2000股，连续买了两个多月，总共买了10万股。

由此可见这些大的职业炒手买股票的情形与世人的传言相去甚远，完全不是人们想象的那样，相反是踏踏实实地、慢慢地买进，就像做生意一样，细水长流。

我看过很多关于交易的书，很少有讲述职业炒手是怎么做交易的，这本书用了很多文字讲述了职业炒手是一群什么样的人，他们日常生活如何，对交易是如何研究与实战的。希望本书能像启蒙师傅一样，将读者领进交易之门，而投资者真正交易技术的提高，还要看其自身的修行了。

学海无涯。希望读者能够从这本书的阅读中，体会到交易的精髓，实现财务自由，达成人生梦想。

毛兰频

2017年3月于北京

目　录

第一章
学校是提高交易技术不可缺少的

真东西无人识货，难以为大家所接受

“林先生平时在资料室里都干些什么？我们想到现场实际观摩一下，林先生是如何画走势图的，如何整理资料。希望林先生在百忙当中抽出一点儿时间，让我们参观一下。”

有这样要求的人很多。表面上看起来这些人对学习都很热心，但其实大部分人都是为了好玩，或为了满足偷窥欲。他们蜂拥而来，在听我讲解的时候，有的人会突然打断我的发言，抱怨这样做是浪费时间。

“从合理性角度来看，我认为这个方法无效。不如这样，您看如何？”

他们反过来教我如何进行交易。

本来他们来是参观的，为了不浪费时间，我也尽量按照顺序讲解。即使出于礼貌，他们也应该从头到尾听完才是，但很多人在我讲解的中途就随意插话。这究竟是怎么回事？

估计是因为我讲的东西与这位参观者自认为最好的方法南辕北辙，完全不是一个路子。所以我讲的东西他根本听不进去。

当然，一般的投资者都想提高自己的交易水平，到我事务所来提问的投资者也不例外。他们最想知道的就是正确交易的思考和学习方法，还会提一些诸如“走势图如何画的和资料是如何整理的”等具体的问题。

接触的人多了，我能够从提问者的只言片语中判断出这个人的交易经验以及学习程度的深浅，我会按照他的水平，尽量通俗易懂地讲解给他听。但事与愿违，能够同意我的观点的人极少，大部分情况下只是招来他们的反驳。

甚至有的人，过了一年左右在给我打电话的时候还说："我认为先生讲课时常常在我们这些外行面前故作惊人之语，其实都是一些夸张和谎言。"

我心想，我越讲真东西，越容易被大家误解。

一般外行都喜欢搜罗大量的知识而轻视实战，这些知识都是以个人兴趣为中心，不是很有系统。刚谈话的时候，感觉他们对有些东西已经认识很深刻了，但细谈下去，又会发觉他们完全外行，特别是一谈到交易技术方面的问题，他们完全听不懂，就仿佛在听来自另一个世界的天书。他们既不尝试去理解，也不尝试去掌握。

必须提高自己的交易能力

电视上时常播放象棋高手或围棋高手的手法讲解，观众的理解能力参差不齐。具有九段水平的观众才能看懂九段棋手下的棋，而只有初段水平的观众只能对初段棋手的招数心领神会。人们一般只能看清自己能力范围以内的东西。登临顶峰者一览众山小，但山峰上的每一个台阶对攀登者来说都曾经是一个难以逾越的高度。

围棋或象棋的棋力是技术水平高低的反映，它不属于知识。期货、股票的交易能力也是技术水平高低的反映，也不是知识。但有些人对交易的心理准备、交易技术的知识储备都不充分，也不努力学习，却想做出漂亮的交易。我告诉他们，不努力就想做好交易，那是异想天开，行不通的。这却招来对方愤怒与反驳，甚至还会引来吵架。

我记得有一位名人说过这样一段话："在一般日常生活中，只要知足即可；但在有竞争的领域里，如果一直停留在自我满足的状态，那永远不可能进步。"

他的意思是说，抱着消遣、玩乐的态度进行学习是不可能达到理想的效果的。

那么，怎样的态度就是玩乐呢？把期货、股票交易当作一种工作来从事的话应该怎么做？

本书的目的就是要告诉大家有关股票、期货的正确操作和思考方法。但是，每当我一谈到具体的问题，比如股票投资或炒期货需要什么工具，很多人就听不进去了，假如说是价格记录本，他们就更不相信了。

在我们这一行里有一句老话："没有价格记录本，一切都谈不上。"由此可见，价格记录是多么重要。

但外行做股票投资，基本上没有人使用价格记录本，没有人肯专心记录每天的收盘价格，大部分人都不准备小本子，没有小本子，自然就无法记录价格了。

价格记录本是记录价格的唯一工具，我真的感到奇怪，他们没有价格记录数据，如何做出交易决策？

外行都嫌手工记录价格太麻烦。

我对不记录价格的人说："怕费工夫是赚不到钱的。"

对方回答："每天的收盘价只要看报纸就行了。从报纸上誊抄一遍是对时间的浪费，而且从报纸誊抄到记录本的过程中还容易抄错。我曾经读过很多名家的交易著作，哪本书上也没有写过让读者誊抄价格的。"

偶尔我也会碰到一两个记录价格的人，但他们都是用一些小到可以装在胸前口袋里的小笔记本，上面可以看到一些脏乱的、密密麻麻的铅笔字，那就是他们记录的每天的价格。

价格记录本是从事交易的工具。我对他们说："外行用的工具与专家用的工具从外观上就可以看得出是完全不一样的。"

他们更加反感。

职业炒手用的价格记录本不是那么小巧玲珑，在外观上也不漂亮，不那么方便携带，很多人都注意不到，但这样的笔记本才好用。简单地说，价格记录也好，走势图也好，都是为了让人看的，大的才容易看得清楚。我这样说不知道你们能不能理解。

不管我们的资金是 500 万日元也好，1000 万日元也好，初步的目标至少是 1 亿日元吧。要从事 1 亿日元这样一个大的工作，工具都不好好准备，这样的心态不仅令人吃惊，简直让人哑口无言。

不要坐井观天，自我满足

有的人略有小成就怡然自得、自我满足，在很多技术领域里都存在着这样的现象。这样的人带有其个人特点的技术也许能够发展到一定的地步，但想要更上一层楼，那就办不到了。

刚开始学习的时候，对交易技术理解很肤浅，而且不熟练，学习者自认为最好的想法往往不仅仅不能有助于其提高，反而会阻碍其成长。那些自古相传下来的、看上去有点儿慢腾腾的方法，却正是令其成长的最快、最好的方法，走的也是最短的路。但是这种能够让学习者提高最快、走最短路的方法却很难被初学者所接受，初学者会认为这种方法做起来很难。横贯在初学者面前的是一道高高的障碍，如果越过了这道障碍，顿感视野开阔，展现在初学者面前的是一个全新的世界，以往的一切都是那么的幼稚可笑。真的是井底之蛙，不知天有多大。要跨过这道坎是很困难的，不登临到那个高度是领会不了那种境界的。

有的专家认为，对于不求甚解的人，你再费心费力给他讲解也是白费力气。你只要在大面上讲到了，至于他听不听得进去，愿不愿意继续往深的地方学习，那全在于他自己，旁人是无能为力的。

我不这样认为。

世代相传下来的正宗方法经过长时间的考验，已经证明是有效的。但是，初学者往往不容易接受。一方面初学者不要坐井观天，要虚心学习；另一方面，传授者也要尽量讲得通俗易懂。我写书的主题与交易技术交流讨论会的中心议题，都是如何才能做更好的交易、如何才能更上一层楼。

交易的三件重要事情

交易有三件重要事情：预测、交易技术与管理。

（1）预测，分析未来的价格高低。

（2）交易技术，交易的具体操作方法。

（3）管理，持仓和资金的管理。

这三件事哪一件更重要？三者的重要程度在不同的投资者心目中是不一样的。比如说，一般外行的注意力全部都集中在猜测行情涨跌上，对他们讲解交易技术或资金管理的重要性，他们一般完全听不进去。至于银行或者投资机构的基金管理人员，他们一进入机构就要接受公司半年或者一年的培训。在这种培训里面，公司把教育重点放在预测和管理上面，因此交易技术在培训班几乎完全没有人重视。等到培训结束，学员实际担任基金经理以后，他们只考虑头寸和资金的管理，对于交易技术依然完全不学习，也不留心。

基金经理当中，虽然也有个别人在交易中引入分批买卖的交易手法，但这样的人只是极少数。在机构投资者的世界中技术水平低一点儿，也没关系，只要做好资金管理，可以依靠组织的力量来提高成绩，这是一般基金经理的想法。

有的人认为交易技术和资金管理两者合起来才是期货、股票市场的交易技术，因此，资金管理也是技术的一部分。但职业炒手们的想法就更加直截了当，他们认为，作为一个散户，仓位不要搞得太复杂，只有在分批开仓，或开出对冲头寸的时候仓位可以稍微复杂一点儿。仓位要简单到可以用一张硬纸片就能记录下来，不需要复杂到靠电脑才能记录。所以对职业炒手来说，资金管理的问题并不是那么重要，期货的交易技术才是最重要的问题。职业炒手们认为预测猜中的概率很小，不能作为交易决策的依据，所以他们也不跟别人争论未来行情的涨跌问题，他们认为那只会浪费时间。职业炒手认为如果想知道行情趋势的方向，只要开一个试验头寸测试一下就行了。有一本古书说过："猜得中猜不中行情不重要，只要方法对就必然能盈利。"

总之，职业炒手平时只考虑一件事情，那就是交易方法和交易技术。样样都想学，什么都学不精。光是学习交易技术，就已经需要花费一个人的全部精力，所以，职业炒手们想的就是把全部精力集中在学习交易技术上。

交易方法只要稍加改动，效果将完全不同

有一段时间流行一种风潮：就是有一些基金经理在大机构中干得好好的，却纷纷辞职不干了，选择自己独立开投资公司。那都是一些业绩不错的基金经理，他们有了独立开业的自信。租一个公寓，购买一些设备，很快一家投资公司就开张了。他们的愿望是通过股票投资或者炒期货获得盈利。自立门户以后，他们才会感觉到，还欠缺一些什么，究竟是什么呢?那就是交易技术。在未辞职以前，一切交易行为都只要按照上司的指令执行即可，他们感觉不到交易技术的重要性。当他们从机构辞职自己开办公司以后，一切交易决策都需要他们独立做出，这才突然意识到交易技术的重要。

新投资者一般都是等出现亏损以后才注意到资金管理的问题。他们在资金管理方面主要有两个问题：①资金管理杂乱无章；②由于受到交易的刺激所产生的兴奋情绪影响，忘记资金管理这件事。

先说资金管理混乱。例如，要买一只股票，临时从银行向证券公司转钱，如果盈利，就把股票卖了，盈利的钱连同原来转进来的钱一起取走，拿去喝酒、吃饭。

这样做两三次以后，很快就搞不清到底投入了多少资金，盈利金额是多少，一笔糊涂账。

年初在股票公司存了 1000 万日元，到了年底如果变成 1300 万日元的话，那么年收益是 30%，像这种能够计算年收益的方法才称得上是投资。

做交易不管多厉害的高手也做不到百发百中。因此在正确的时候让利益尽量扩大，做错的时候让亏损限于小额，务求盈利减去亏损以后，最终的结果是盈利。然而在现实交易中，很多人在做错行情时由于后悔和痛苦，任凭情绪的驱使，不想把亏损的单子平掉。明明趋势已经变化了，依然抱着可能回到原来趋势的期望，对错误的头寸抱牢不放，导致越亏越多，直至巨亏。这就是因为忘记了资金管理造成的后果。

有一个投资者买入的股票价格跌到了刚买入时的 1/5 还拿着不放，我

对他讲资金管理的重要性，他表情很悲伤，但却反驳我说：

“这不是资金管理的问题。虽然您会觉得我这是为自己找亏钱的理由，当初我对证券公司的客服说：‘行情方向改变了，赶紧给我把股票平仓止损。’

“证券公司的客服说：‘没关系，再稍微等一等。’

“由于他的阻止，我的止损时机错过了，只怪我的运气不好啊！

“即使退一步说，亏损与运气无关，但是我在您的书中读到过这样的句子：‘坏的头寸要让它立刻消失’。

“我做不到这一点，不是管理不好，只怪我的执行力不够。”

……

明明是头寸管理的技术问题，他却偏偏要给自己寻找种种理由。他明明知道这个道理却不能执行，对这种人只能举手投降了。

我有生以来第一次买股票是在 1948 年，到现在已经 46 年了。我读了很多书，向很多人学习。我花费大量的时间学习，不断地学习，遇到问题进行反省，就这样一晃几十年就过去了。与别人讨论时常常忘记了时间，经历了许多盈利时的喜悦和失败的痛苦。我长期的努力都是在干什么呢？用一句话来说，那就是追求市场的真谛，不是把交易当作一种消遣或爱好，学习并通过练习掌握盈利的方法。我把我的方法写成书想教给别人，然而在教学的过程中却发现，由于有一些投资者是独自一人在钻研，他们学的是一些不实用的股票理论。对股票的认识偏得很厉害。因此，我越对他们讲真东西，他们越认为我是在骗他们。

很多人在投资方面是外行，但他们都有自己的主业。在他们自己的专业领域里，他们有着杰出的知识和能力，工作得非常出色。然而，为什么在交易方面他们不走正确的道路呢？为什么在交易上他们会做出一些不可理喻的行动呢？他们只要把理解错误的地方纠正一下，把不够的地方稍微补充一下，再稍微掌握一些必要的操作技术，交易成果就会令人刮目相看的，就会变成一个与原来完全不同的投资者。他们的交易技术就会上升一个台阶。

秘密小房子里的居民

1991年9月27日，我收到了一封匿名信，以下是匿名信的内容：

我十几年前到林先生的事务所拜访时，从书架上偷走一本旧书，那本旧书的书名叫《逼仓的故事》，该书描写的是我的师祖辈当年是如何坐庄的故事。这本书当时在书店里很难买到，我非常想要得到这本书，所以就偷走了这本书。为了表示歉意，我打算在近期带上赔偿金登门拜访。有些事情也许不是金钱可以弥补的，但恳请林先生的宽恕。

事情已经过去了好多年，我为什么会突然想起写这封信呢？我长年订阅林先生的股票俱乐部的内部刊物，其中林先生最近有一篇讲解卖空的重要性文章引起了我的共鸣，因此我写这封信想把我多年来学习股票和期货的经验告诉林先生。

我还记得十几年前我去拜访的时候林先生与我的一些对话。

当时我对林先生说："我住在大阪的日本桥。"

林先生马上说："我去过大阪日本桥，那里是一些老式建筑。"

林先生在《职业炒手的传奇》里面写到过一个安先生，我猜想当年林先生到大阪日本桥是为了见安先生。现在日本桥一带的老式建筑物都拆掉了，往日的风景已经荡然无存。

我是在日本桥出生的，在那里生活了将近40多年。在日本桥附近的一个离热闹街区很远的一个安静的地方，有一个碉堡形状的混泥土建筑物，在这个碉堡里住着一个人。我因为一个偶然机会与他认识，与他的交往已经30多年了。我与他关系很好，他是我期货交易的师傅。

顺便说一下，我于大正10年出生，今年70岁。

在《逼仓的故事》那本小说描写的，是现今已经失传的我们那一流派坐庄的事情。虽说小说允许对材料进行加工和塑造，但由于该书作者是一个记者，对期货完全不懂，因此该书的内容与实际情况完全不同。但是，职业炒手的真实生活完全不是社会上人们一般想象的那样，这一点正如林先生所说的那样。

比如说，在报纸的一篇报道上，记者把“是川银藏”丑化成一个像马戏团里小丑一样搞笑的人物，但实际上“是川银藏”是一个极厉害的职业炒手，完全不是什么搞笑人物。

二战结束以后，我又恢复了股票交易。1951 年，期货交易所恢复正常营运，我也在那时重新开始期货的交易。

10 年以后，我开了一家杂货店。

某一天店里来个一个客人，就是我前面提到的住在碉堡里的那个人，他叫 R 先生，我就是那一天与他认识的。

为了学习期货交易技术，有 3 年时间我每天上午都要到中之岛图书馆去读书。我把日本古代和近代的期货书籍都读了一遍。我对期货的爱好还与我父亲有关，因为我父亲从事的是与期货相关的工作。在二战以前，我父亲在大阪米谷交易所里工作。二战当中他到过中国的石门，还去过天津的杂谷交易所。二战以后回到日本，在证券公司担任顾问，负责公司自营盘的交易，是一个职业炒手。我从父亲那里学到了一些期货交易的基本方法，使我的水平比一般对期货完全不了解的人稍微强一点儿。R 先生第二次到我的杂货店里来的时候，看到我记录的价格记录本，就与我聊起了期货的事情。从此我开始跟 R 先生学习期货。

我学习期货的环境还是比较得天独厚的。然而，从认识 R 先生那时起，又过了 20 年，我才能够真正理解 R 先生的交易思路和交易行动。

当然，在漫长的岁月中除了 R 先生以外我还遇到过很多人，但就像林先生在一本书上写的那样：“真正的期货高手大多居住在大阪。”

期货做得好的人，已经领悟了期货的奥妙。换句话说，就是已经把交易当作一种工作来做的人。借用林先生的话来说，就是站在空头的阵营，已经学会了卖空的人，他们已经脱离频繁交易的阶段，到了做行情的阶段，能够默默地持续稳定盈利的人。我找不到适当的词汇来形容这些人。突然我想起了在美国看过的一部电影，“秘密小房子里的居民”。对了，我就称他们为“秘密小房子里的居民”。

常到 R 先生家里串门的那几个人都是职业炒手，他们都是秘密小房子里的居民。

在大阪地区流行着一句期货格言：“盈利不难，但持续盈利很难。”

林先生写的《期货格言集》里没有收录这句话。林先生是东京人，我不知道林先生是不是故意不把这句话不收录进《期货格言集》的。

这句格言的意思很明显，偶尔的大赢不难，难的是持续盈利。格言背后还隐藏着没说出来的话——盈利思路和方法是存在的。

我读了林先生的“卖空”这篇连载文章以后，马上就知道林先生要写这种核心的东西了。

但一般的投资者连入门的东西都还没有理解呢，你写这种核心的东西，他们绝对不会理解，还会认为你在骗人，反而会让你的信用降低。

对外行你应该只讲一些他们能够理解的东西。

在佛教里这样做就是“方便”（译者注：方便：佛教语。谓以灵活方式因人施教，使其悟佛法真义）。

我知道这些道理林先生早就知道，但我比林先生年长，我还是要善意地提醒你。

把外行当傻瓜的人不是职业炒手

这封信的内容不复杂，文笔很好，也没有错别字，可以看出写信人很有素养。但一封信全部读完感到不是味道，令人不愉快。首先偷书的行为本身就是一件不光彩的事情，哪还能毫无羞愧地在信中娓娓道来。

下面我来逐条分析这封信的观点。

我先说一说那本被偷的旧书的购买经过。

那本书早已不再印刷，是一本断货的书，我也久觅而不得，就委托旧书店的老板帮我留意。

某一天旧书店的老板给我打电话过来说，找到了这本书，我就过去把它买了下来。

该书是红布封面，24 开。

此人说由于这本书很稀缺，非常想据为己有，即使偷也在所不惜。

如果想拥有这本书，在我的事务所里有复印机，只要复印一下就能够达到目的，用偷的方法，书虽然得到了，但其品性会在别人心目中留下何种印象？他应该明白这一点。

顺便说一下，我去大阪日本桥的目的，并非如他的信里所写的“去拜访安先生”，而是去听一个 K 线高手的演讲，一共去了两次。在那里，我住了一些日子，所以大阪日本桥一带给我留下了很深的印象。那位 K 线高手参加过二战，一双眼睛在战场上受伤，几乎全盲。他在二战以前就开始炒期货，一直炒到现在。

他不是很有名，但期货圈子里的人都知道他，大家都很崇拜他。期货公司出场地，请他一个月做 1～2 次交易技术的讲座，收费方式是由参加听讲者自愿付费的形式，在入口处放着一个装钱的盒子，可以看见里面有不少百元的纸币（在当时来说百元纸币是面值最高的纸币，相当于现在的 1 万日元）。

可见听过他讲座的人是很认可他演讲的价值，然而每次来听讲座的人却很少，我两次去听他的演讲，发现其中一次只来了 6 个听众，另一次只来了 3 个人。为什么？听完才知道，他讲的都是一些货真价实的东西，但一般的人根本听不懂，所以来听的人很少。

这封信中还有一个地方令人读了很不舒服：以他狭隘的知识来揣度广大的世界，还用斩钉截铁的语气下断言。

比如他说，我去日本桥的目的是为了拜访安先生；我的《期货格言集》中没有把他提到的那句大阪的格言收录进去，是因为我是东京人，对大阪有歧视，故意不收录进去。这些他都猜错了，没有把大阪的格言收录进去，是因为我不知道那句格言，而且即使我知道那句格言也未必就会采用。因为我收录的都是观点很明确的格言，意思模糊的格言都不在我收录的标准之内，并不是什么格言都收录的。

这封信里我最不赞同的观点是，对期货、股票新手只要糊弄糊弄，不要把核心的东西告诉市场新手，言外之意市场新手都是一些傻瓜。

在《期货市场的技术》后记里我曾经写到一件事，就是有一位老年期货职业炒手一次神神秘秘地跟我说：“对冲的方法迄今为止我只告诉过您一个人。”

我当即对他说：“对冲这种技术没有必要藏藏掖掖，谁都可以理解，也都可以一学就会的。”

以前我还见过一个人也像他那样，刚学会一点儿期货知识，马上就开始看不起别人。

有一次，我的股票俱乐部一个会员写了一本书，我给他介绍了一家出版社。据他说，他已经形成了一套定型的交易方法，等书出版以后，我发现他书里写的方法与他自己采用的方法完全不同。我就问他："为什么你没有把自己使用的交易方法写进书里？那个方法新手也容易掌握，而且如果你教了新投资者他们会很高兴的。"

这个会员说："我经过千辛万苦获得一个成熟的方法，难道能够轻易地写在廉价的书里面吗？把这么宝贵的东西教给外行就太可惜了。"

我勃然大怒，就与他吵起架来了。

我问他："既然如此，你为什么又要出书呢？"

他回答："我想看看有多少傻瓜来买这本书。"

我与这个人断绝了往来。

3 年之后，我从别人那里听说这个人在股市的暴跌中亏了大钱。后来他又出版了几本书。在他最近出版的书中，他还是一如既往地写道："我早就预测到了这次暴跌。"

话扯的有点儿远了，我想说的是，不管在哪个领域，由于有新手的存在才会有专家，才会有职业炒手，才会有老手。只有水平低的专家才会贬低新手，把新手当傻瓜。贬低新手的专家从来没有长久存在的先例，越是水平高的专家越谦虚。对新手应该循循善诱地讲解，那才是专家应有的态度。

话说回来，这封信也不是完全一无是处。这封信认为，世人对职业炒手存在着种种误解。的确如此。

这封信中提到了"是川银藏"这个人物。我本人在"是川银藏"还没出名的 5～6 年以前就听说他的事情了，他以前是在东京蓝泽证券、黑川木德证券开户交易。

在认识是川银藏以前，早在 1973 年，我就与池田总理大臣的远房亲戚近藤荒树先生见过面。

在当时近藤荒树的财产已经有几十亿日元，总理竞选的政治资金都是他一手操办并提供赞助的。

他给我看他的股票交易报告，大成建设股票，2000 股（译者注：日本购买股票的最小单位是 1000 股，中国是 100 股。因此，每天买 2000 股，在中国相当于买了 200 股，数量很小）。

这是怎么回事呢？

近藤荒树每天买 2000 股，连续买一个月，买 10 万股。

可见这些大的职业炒手买股票的情形与世人的传言相去甚远，完全不是人们想象的那样，相反是踏踏实实的，他们买股票一点儿也不招摇。

是川银藏也是一个大庄家，但是他的交易也是比较低调，比较踏实，正因为如此几十年以来他完全不引人注目。而那些常常见诸于报端的“某某机构”，他们的存在往往却像泡沫一样短暂，一瞬间就消失不见了。他们只是一些被证券公司吹捧带起来的富二代，只能红极一时，但都好景不长。他们都是证券公司案板上的肉，早晚都会被宰割殆尽。

反观那些资金量很小的职业炒手，他们只做自己熟悉的品种，就像一家小拉面店的店长一样，很小心地应用自己宝贵的资金，踏踏实实地挣钱。因为他们知道，现在的这笔资金亏掉的话，就很难再筹集到新的资金了。我的一个熟人，小豆期货职业炒手，他每次下单只是 1 手，最多 2 手。靠股票投资为生的人买股票的时候也只是 1000 股、2000 股的交易量，最多的时候也就是 5000 股左右。靠这样的 1 手、2 手小仓位赚一点儿生活费，由于做得小心很少出错，踏踏实实地挣钱，也就足以养家糊口，以此为生了。世人对职业炒手的想象大多是错误的。

此信还有一点儿写得不错，那就是大阪人和东京人的想法不一样。

在二战中，每当报纸刊登出日本军队在战场上打胜仗的消息后，东京的股市就必然暴涨，但大阪的股市却根本不涨。也许大阪人知道日本军队在战场上实际上是打了败仗。

当然，这只是猜测，真实原因也许并非如此。但确实，东京人喜欢做表面文章，大阪人注重实际。东京人守规矩，大阪人若认为规矩不合理就不会遵守。

这一点表现在期货的交易思路上，东京人和大阪人也有很大的差别。

交易不是为了做给别人看的，不必在意别人怎么看

“我炒期货20年，得以在期货市场上存活下来，原因就在于每当我感觉‘不妙’的时候，我就马上平仓止损，变成空仓。因此总体下来盈大于亏，其实这也算不得什么秘密。”

——引自《人物列传——几个新变成职业炒手的人》

这个期货职业炒手是大阪人，止损干脆利落。同样的情况，如果是东京人炒期货，不会痛痛快快地止损，因为他担心止损在面子上不好看。其实这时候应该马上止损，不让损失继续扩大，但东京人多半会为了面子上的好看，先把仓位锁住再说（止损的单子别人要看时拿不出手，当然也不是所有的东京人都会这样）。

有这样一句格言：“炒期货不要考虑别人怎么看。”

大阪人完全没有这种“面子上”的顾虑。

老一辈的股票大户、东京的铃木隆先生和老一辈的期货大户、东京的近藤荒树先生，在公共场合出现的时候，都是西装笔挺，系着领带，因为铃木隆在全国纳税排名靠前曾经被选为参议员，在他去世半年前，我与他在银座的交询社喝咖啡，那天他穿的是西装背心，系着领带。

当然，东京人也不是人人都穿得这么一本正经。我的老师、85岁的老年职业炒手就喜欢穿一件皮夹克，下身穿的是灯芯绒裤子。有一次，我和他一起去一家法国料理店吃饭，他还是这一身打扮，被店家要求换上特地为客人准备好的西装才被允许用餐。在一般不那么讲究的料理店，他是堂而皇之地穿着皮夹克用餐的。

顺便说一下，我也喜欢皮夹克，并非为了模仿这位老先生。以前我看过美国电影，看见电影里面飞行员穿的皮夹克样子很好看，但皮夹克很昂贵当时我买不起。这在我潜意识里留下一个很强烈的愿望，什么时候也买一件来穿。我觉得穿皮夹克人显得很精神，有活力。

大阪人一般对穿着没那么讲究。我所认识的大阪的职业炒手当中，没

有一个人穿西装、打领带，当然在生意场合穿西装、打领带还是主流。

除非遇到大行情需要全神贯注，一般的时候大阪的职业炒手随便让我看他们的头寸记录，东京的职业炒手是决不会让别人看他们的仓位的。

在营销的方法上大阪和东京也不一样。

大阪的期货或证券公司的客服人员在待人接物时，往往流露出浓浓的商人铜臭味，不是把客户的交易指令忠实地传达给交易所，而是用内部盘子与之对赌，令客户赔钱。但他们对一少部分客户，服务得却非常周到。反观东京的同行，一般比较在意公司形象，即使也用“对赌”手段坑客户，但手段比较隐蔽，不那么明目张胆。有的客户同时在几家期货公司开户，这样的客户在大阪的期货公司里是得不到很好的服务的，而东京的期货公司对在别处开户的客户在态度上不会有什么差别。

在大阪的书店里，基本上看不到股票或期货的书籍，因为大阪人认为，看书对于在实际交易中获得盈利根本没有帮助。大阪人对于通篇纸上谈兵的期货、股票书籍不感兴趣。

佛教有一部经典叫作《阿弥陀经》，上面记载着往西方十万亿佛土是极乐世界。天竺就是现在的印度以西，是伊朗和阿拉伯，还有欧洲。然而在天竺，实际上是不存在极乐的。极乐就是为了愚弄广大民众，为了骗钱而编造出来的谎言。还有说由于有父母的存在所以才会有现在的自己，在教义中说的前世转世投胎。如果是真的，那么父母双亲的恩情就变得非常淡薄了。

在江户时代发生了一场大火灾和饥荒，有许多人在这两次灾难当中死去。这些死去的人当中既有恶人也有善人，如果神是的确存在的，那么神应该能够区别善人和恶人，应该让恶人死掉，善人活下来才对。商人把所有的粮食大米买下来囤积，对这种行为也不应该惩罚。价格高涨不是由于他们的囤粮而造成的，而是由于农业的旱涝灾造成粮食的价格高涨。此外，官方对大米的流通限制来控制价格也是不对的，是一种误解。如果价格上涨可以让其他地区的粮食往这边集中，就可以消除粮食不足，这样价格自然就会落下来。

上面这段文字引自一个大阪的商人兼学者，名叫三片蟠桃的人，他在1820年所写的一本书，书名叫《梦的代》，这是书中的一节。

他写了真话，但他的观点被当时的官方视为异端邪说。古代如此，当今的东京也是如此。写真话的书不受欢迎，不讲真话的书却大行其道。

在股评家这一行里，也总是忽悠更加盛行，讲真东西的人却很罕见。为什么敷衍的话、忽悠更有市场呢？真话大家却不爱听？因为敷衍的话常常与听者期待一致，更加容易入耳，而真话往往逆耳。

敷衍的话和真心话有什么不同？

敷衍的话是言者为了掩盖某一部分事实真相而说的谎言。

这封信的一个主要观点就是，敷衍的话、假话、忽悠对读者的交易提高是没有用的，只有真东西才能令读者盈利。但是，外行大多数都听不进去真话，他们自己把自己停留在低水平上，实在是一件很可悲的事。

这一点他说的不错。

经过正规的学习，并付诸实践，那么你马上就能更上一层楼。

做期货能不能成功，就看你肯不肯学习了。

第二章
成为职业炒手的第一步

与传闻相去甚远的实际生活

有些业余歌唱爱好者第一次参加新人歌手大赛，就崭露头角夺得第一名，并开始有了很多粉丝，受到观众热捧。这让他从小就憧憬的职业歌手生涯终于成为了现实，心里感觉热乎乎的。然而一旦歌唱真的成为了职业，他就会发现歌唱不再像原来那么轻松快乐了，甚至感觉简直枯燥乏味，是一件很辛苦的事。职业的严酷性就是这样。表面上看去很光鲜的人，实际生活却意外地很朴素。职业的生活是朴实无华的。

世上很多人过的生活与人们的想象相去甚远。最典型的例子就是职业炒手。职业炒手给人们的印象是这样的：没有太深奥的知识，但是胆量很大，行事果断；喜欢熬夜、接近凌晨才睡觉，一大早就端着酒杯喝酒；只要打一个电话白花花的银子就大把大把地赚进来。

这是职业炒手给一般人的印象。

救世军中将三室军平在他的著作当中把无赖汉、诈骗犯、职业炒手和懒汉四种人相提并论，指出这四种人不劳而获，无法得到上帝的拯救。虽然作为一个牧师，三室军平说这番话的用意在于恨铁不成钢，但他把职业炒手与无赖汉、懒汉、诈骗犯相提并论，不管怎么说也是不恰当的。

大阪有一个很有名的职业炒手对前来向他请教的人这样说："职业炒手的生活啊，与你们想象的完全不一样，它是一个很枯燥乏味的行当。时间可以自由支配，不必向他人低头，人际关系简单。这些固然不错，但所有的事情都要自己负责任，一是绝对不可以冒险；二是日常生活非常朴素，豪华显赫与之无缘。”

“忘年会聚餐时，旁人皆可一醉方休，职业炒手却不行，因为第二天早上期货开盘时他还要保持头脑的清醒状态。”

“虽然职业炒手有时能够在短时间内在市场上挣到常人难以想象的金钱，但钱也不是来得像飞来横财或不义之财那么容易。不能在期货上挣了几个钱就可劲儿地花，因为在富有的时候还要想到以前没钱的日子，不要等到没钱了才想到以前富有的时候。职业炒手追求的是踏踏实实地挣钱，不相信天上掉馅饼的事。”

“职业炒手凡事都三思而行，很慎重，在旁人看来简直就像一个胆小鬼。如果职业炒手过上张扬华丽的生活，或者自甘堕落，马上就会影响到交易技术的发挥，最终导致破产。所以职业炒手总是谨言慎行。”

“照您这么说，那职业炒手不就像一个和尚一样吗?”

“比一般信仰不坚定的和尚更像一个真正的和尚。”

……

我的事务所经常有一些读者过来买书或提问，其中不乏有人声称自己想做职业炒手。这不，这会儿又来了一位，他说：“我喜欢炒期货，我想成为职业炒手。”

由于关乎生死存亡

比如说某个梦想当歌手的乡村小女孩，为了拜一位有名歌手为师，离家出走来到东京，到那个歌手家的大门前静坐等待。

“你不出来我就不走!”

她完全不知道世间的严酷，不知道歌手这一行的入门规则是多么的严格。

这样的小女孩虽然有点儿不知天高地厚，但让她清唱一曲，音色也还过得去，说明她还是有一定实力的。

但这个成年男子岂止是不知天高地厚，他根本不学习，一直在亏钱，但欲望却比谁都大。“想炒期货当职业炒手”。我真不知道他是怎么想的！看他神情恍惚，快要走火入魔的样子，我更要打起十二万分精神来应对。

我慎重地回答：“你说想当职业炒手，但我告诉你，职业高尔夫球手也好，职业钢琴师也好，都一样，一旦成为了职业，都是非常辛苦的哟。”

假如我不小心地问他一句：“你都学些什么东西？”

那可了不得了，一下子打开了他的话匣子。从他奇怪的行情观到人生观，简直滔滔不绝。只要一扯开话题，就不知道他什么时候结束。

当然，来我这里的也不都是这种奇怪的人，也有很认真的人。与这种人相会的时候我总是心情很愉快，会与他一直交谈到深夜，教他各种方法。

职业炒手的世界比我们想象的严酷得多。

有一份投资杂志刊登了一篇报道，内容讲述的是一个牙科医师辞职把炒期货当作主业，据这位牙医自己说，牙科医生的工作太单调了，炒期货很刺激，符合自己的性格。

我的股票俱乐部内部刊物的专栏作家宫崎肇，对此事写了一篇评论文章，他写道：

如果把人们炒期货的目的分类一下，大致可以分成三类：

（1）赚不劳而获的钱。

（2）赚生活费。

（3）体验期货交易的刺激。有一种人不在乎盈亏，把炒期货当作一种消遣。

“炒期货刺激”这句话也不确切。其实，期货交易既有刺激的操作方法，也有不刺激的操作方法，各种方法都有，看你用哪一种了。在业余炒作的时候，你会觉得炒期货好玩，即使全部赔光，还有主业的收入维持生活，因此不怕。一旦把期货作为自己的职业，原先那种好玩的感觉会一扫而光，因为一家几口人张嘴等着期货的盈利吃饭。为了赚出生活费，需要细致认真地操作自己的头寸，再也没有业余炒期货时候的那种闲暇心情来体会期货的刺激感觉了。相信他一定会放弃追求刺激的操作方法，而改为踏踏实实地赚钱。简朴低调，几十年如一日。你以为牙医的工作太单调，殊不知，期货职业炒手的生活更单调，每天要准备资料、画K线图，这些工作会占据你人生的大半部分。以期货交易为生，生活也会变得朴素，因为如果过奢华的生活，头寸的操作也会变得粗糙。为了在期货市场上生存，他们尽可能地过着像禁欲主义者一样的生活。

一般投资者连我说的事实也听不进去

职业炒手的真实生活由于以前闻所未闻，所以大家睁圆了双眼，听得津津有味。然而，当我一讲到交易理论和交易的准备工作等问题，马上会招来大家的顶撞，顶撞的激烈程度看上去他们简直有点儿发狂。

“你讲的理论完全错了，简直是胡说八道！”

理论问题当然是允许争论的，然而关于交易的准备工作，我说的只是一些我每天在做的事实，连这他们都说“你胡说”，我真想问，他们今天是为了什么而来我的事务所的。

板垣先生在《你也能够成为股票投资高手》一书当中写过这样一段话：

职业炒手取得了傲人的交易业绩，或长年累月持续交易没有发生大的失败，这些都只是大家看到的冰山水面上面的部分，这都只是表象。首先，即使是冰山浮在水面上的部分也有看不到的地方，由于水面以下存在着想象不到的更大的部分，他才能长期维持一个好的业绩。职业炒手制作的资料也是水面以下的部分之一。高尔夫球的专家打出一个漂亮的击球，也只是冰山的水上部分，别人拿着击球的光盘反复看，反复研究，完全都是徒劳。在大家看不见的冰山水面以下的部分，就是职业炒手、高尔夫球手每天都重复进行着大量艰苦的练习。只分析表面看得到的地方，是怎么分析也得不出结论的，由于他们在别人看不到的地方分析大量的资料，进行大量的练习，才能在高尔夫球场打出漂亮的击球，在股票或期货市场上持续交易也不出现大的失败。

什么人适合炒期货，什么人不适合炒期货

什么人适合炒期货，什么人不适合炒期货？

对某种体育运动来说，适合不适合，主要看人的体型和年龄。

适合不适合炒期货，一般人认为取决于思考方法和天生的素质。其实这种想法是错误的。

在我的事务所里一次也没有讨论过这个问题，一般都是一些外行在谈论这个问题。

有一次有一个人来到我的事务所，他说："我认为我很适合炒期货。"

我问："何以见得？"

他说："因为我很喜欢技术分析。"

他的话是否有道理暂且不论。

我开始寻找是否有什么书上写过这个问题：什么人适合炒期货？

在股市疯涨的泡沫时期有一本投资杂志上面有一篇文章：《什么人股票投资成功、什么人不成功》，该文的观点也和来事务所提问的人差不多：①有分析能力；②感觉敏锐；③胆子够大，因为即使看对行情，如果没勇气买那也白搭，如果没有执行的胆量那也赚不了钱；④对信息进行鉴别的眼光在铺天盖地的信息中，要有眼光鉴别哪些是有用信息。

正好有一天有两个职业炒手到我的事务所来串门，我把这篇文章拿给他们看，他俩读后都认为这篇文章的观点简直荒谬。以下分别是他俩说的话：

"这四点难道与适合不适合炒期货有什么关系吗？"

"这篇文章的观点完全错误。"

"什么人适合炒期货，什么人不适合炒期货？从未考虑过这样的问题。不知道。"

"没必要考虑这样的问题。"

与其考虑自己是否适合炒期货，不如拓展自己的能力

在考虑什么人适合炒期货的问题以后，我马上又想到在医学上有一种检查：适应性检查，即某人是否适合从事某项活动的检查。

我再摘录一段板垣先生书中的文字：

我曾经想到过一个主意，对炒期货的人进行一项检查如何，检查的内容是：此人是否适合炒期货。

如果做得到，那这件事就具有高度的学术性价值。就像对宇宙飞船的飞行员进行各项测试一样。

这样的检查有什么用？

首先，投资者如果通过测试明白了自己不适合炒期货，那么有一些人就会死了这条心。还有一些人通过测试明白了现在使用的交易方法不适合自己，就会放弃现在的方法，然后寻找适合自己的方法，因此就可以避免徒劳无益的努力，也可以减少了由于交易方法的不适合而导致交易失败的悲剧。

以上设想虽然有点儿近似天方夜谭，但我是在认真地思考这些问题的……

板垣先生的书里就有这样一段文字写到他的一个想法：给想开始炒期货的人做一个素质测试，以避免不必要的损失。他这个想法很新鲜，正想看具体怎么做，但他的笔锋一转，转而开始讨论炒期货要不要搞一样专长的问题。从他的全书内容来看，板垣先生也不知道炒期货需要什么天生素质，也没从这个方面考虑。

人的能力，除了天生的以外，还可以后天培养。

吃饭、喝水、睡觉的能力是与生俱来的。

炒期货的能力多半是后天培养的。

板垣先生考虑的培养一个专长的思路是不错的，与其考虑自己是否具备炒期货的天生素质，在这个问题上烦恼，不如拓展自己的能力。

似乎确实存在天生就不适合炒期货的人

《投资日报》的会长镝木繁在他的《期货的世界·期货的炒法》一书的 170 页，有一篇文章，题目是《在期货上终生赢不到钱的人》，引用如下：

有些人不管怎么做，也在期货上赢不到钱。

问题出在这种人的性格上面。

这种人炒期货输了总爱把责任归罪于别人。

不看中、长期走势的人炒期货无法赢钱。

仓位过重的话很容易爆仓。

在期货上赚不到钱的人有一个共同点，就是都不学习。

大致来说，成天牢骚满腹的人赢不到钱。性格越是孤僻、越是阴暗的人越不容易赢钱。

太狡猾的人炒期货也不能赢钱。

眼高于头顶、目空一切、令别人讨厌的人炒期货赢不了钱。

家庭内部不和，家庭成员终日吵架的人炒不好期货。

好好先生、被众人随便使唤的人做不好期货；与之相反，对别人猜疑心太重的人也炒不好期货。

什么人做得好期货？

阳光、虚心、脑子好的人做得好期货。

在这段文字的一开始，镝木繁明明说期货是否做得好取决于性格，写到一半又写与仓位是否重这种技术层面的因素有关，甚至与家庭是否和睦有关，最后甚至写了要炒好期货需要什么条件。

当然，他这样写作文章的确比较通顺流畅且易懂，但最后那句，做好期货的条件是“阳光、虚心、脑子好”，那岂不是极其平凡的素质吗？

可见，要举出什么人不适合炒期货，洋洋洒洒立即可以举出很多条，而要举出什么人适合炒期货，他想半天竟然想不出什么条件，最后想出一条重要的条件。但仔细一想，这些重要素质岂不又是一些极其平凡的素质吗?

由此看来，什么人不适合炒期货，马上可以举出许多来；相反什么人适合炒期货，什么人炒期货能够赢钱，却并无特别的条件，所以没有必要再深入探讨这个问题了。

各种各样的交易理念

每个人都有自己的交易理念，或者是交易思想。种类繁多、五花八门，我从价格的角度大致罗列如下：

(1) 价格神圣论。市场参与者是无法操纵或左右价格的，所有的因素都反映在现在的价格里面，价格总是正确的。

(2) 价格人为操控论。与价格神圣论相对立的一种观点是，价格波动是由于市场参与者的交易行为造成的。

从应对价格变动的策略可分为：

(3) 顺应行情。跟随价格波动建仓。

(4) 对立行情。与顺应行情对立的观点是：多空双方的争斗造成了价格波动。

(5) 行情天体论。价格波动规律与天体运行的规律密切相关。

(6) 切入跟随行情。利用价格波动来获利，这是技术派的基础。

(7) 赌行情。认为只要能猜对行情才能盈利。

(8) 利用期货工具。直接通过认真炒期货盈利很困难，把期货当作一种工具，来骗取愚蠢的投资者，这主要指部分恶劣的期货公司。

期货工具利用论也可以具体分为善恶两派：善的是交易公司认真的营业员，他们通过接受客户的交易指令来赚取客户的手续费。恶的一种是把客户当作送入屠宰场的家畜一样，通过介绍客户赚取客户的佣金，然后瓜分客户的保证金，把客户当作一种工具来利用。

同样，在利用层面里也有形形色色的人。

股评家也是把投资者当作工具利用的人。

期货业与垒球或足球不同，它是不需要观众的，股评家是一种不必要存在的职业。但不光在期货，在股票行业也是如此，股评家这么多也是一种不可思议的现象。环顾这个行业，我忽然发现，股评家、交易所、交易公司、投资报纸杂志、出版社、投资顾问等，吃投资者饭的太多了，其庞大的费用都要出自于投资者、期民。难怪投资者、期民挣不到钱。

股评家在实际交易上什么也不干，却不知天高地厚，大言不惭，号称自己能像神一样进行预言，他们的预言没有一样是准的。真令人气愤。

综上所述，交易思想存在着各种各样的观点，以上只是大致罗列了一些，真的是五花八门。

交易思想是必须的

不管交易思想是价格神圣论，还是价格人为操控论，甚至赌博论，都有可能出现各自的高手。为什么？因为这些都只是交易思想，而不是实践方法。

但是，确立了一种交易思想以后，就不要动摇，不要同时用不同的交易思想来看市场。

炒期货如果没有交易思想，就无法收集资料，并对资料进行分析判断。

炒期货不可以靠猜行情，即便使用预测的方法，也需要统一的判断基准。假如，预测有的时候根据供求关系判断，有的时候根据是否存在庄家介入判断，有的时候根据 K 线和走势图形态判断，像这样没有一致性的判断标准，交易结果自然不可能理想。如果固定一个角度进行判断，比如若根据供求关系判断，那就一直根据供求关系进行判断；若根据庄家介入程度判断，那就一直根据庄家介入程度进行判断。只有这样交易结果才会比较理想。

即便是精通理论的人，没有交易思想也不能盈利

据说一般的投资者之所以没有交易思想，有如下两个原因：

（1）一般的投资者总以为只遵循一种思考方法有点儿寂寞，猜中行情的概率会降低。就好像手里只拿着一种武器心里发慌一样。

（2）一般的投资者以为如果只从一个角度观察市场，当价格变动因为其他因素的影响而发生变化的时候将无法盈利。他们以为价格变动是因多种因素的作用而造成的，他们不能确定到底采用哪种方法，对什么都感兴趣，被各种因素吸引去注意力。

这种说法是不是有道理我一直放在心上，每当有人来我的事务所访问我必向他们调查，是不是这么回事。

但是我发现，不仅一般投资者没有一个坚定的交易思想，而且受到良好理论教育的机构投资者（基金经理们）更没有交易思想，这真是不可思议。

1990年日本股票暴跌，日本的机构投资者、银行和上市公司的大股东看着股市节节下跌，没有采取任何保护对冲措施，只是默默地拱手旁观股价下跌的全过程。为什么会这样？这真是一个谜团，也是近代股票史上的一个悲剧。这一悲剧会被后世的人记住吗？

几乎所有的机构投资者、大股东、证券公司，甚至银行都没有进行任何危机管理，对下跌行情的到来没有采取任何措施。这是事实。

是他们不知道方法吗？不是，他们完全知道方法。是市场的制度还不完善吗？也不是。当时在股票方面已经有了信用卖空的制度，也有了期货和期权，对冲的工具是足够的。

对于日本的投资者为什么没有采取措施的问题，日本国内的投资机构没有进行任何研究和反省，国外的投资机构一定进行了分析，分析的结果推测投资者有如下几个观念，促使他们茫然地看着股市下跌：

（1）股市跌得厉害时政府会投入资金进行托市。

（2）浮动亏损再大，只要没卖掉就不会变成实际亏损。

（3）日本的金融监管当局认为对冲或卖空会破坏市场，因此不提倡投资者进行对冲或卖空操作。

（4）基金经理没有独立思考意识。思维受羊群效应限制，认为一切跟着头羊走没错，而且他们相信股票会永远上涨的神话。

交易思想是提高水平的基础

日本的投资者之所以在下跌行情中败得这么惨，是由于没有交易思想。然而，我的这个观点在一次演讲会上受到听众猛烈地抨击。

对方说："交易思想只是一种想法、主义或者哲学，它是由于交易者反复实践才产生的。

"比如说，画家由于长期专注于创作，终于形成了他独自的美学意识。你说先有交易思想，才有好的交易结果，不是顺序颠倒了吗？"

对此，我反驳：交易思想不同，资料的收集和分析的内容也不同。比如说，价格人为操控论者比较重视市场参与者的动向，比较重视成交量、持仓量和庄家的信息，他会全力收集这些方面的资料。

而价格神圣论者只看价格，会比较重视价格波动、天数、趋势等，会重点分析这些东西。

最主要的是，这两种方法的建仓动机、价位和时机会不同。

当然，初学者即使有自己的交易思想，也不那么坚定，他们的技术水平还较低，但只要不断地实践下去，他们的交易思想会变得成熟、坚定，而且他们的交易思想也许还会发生一些变化。

就是说，如果没有交易思想，根本就没有办法进行实践。

如果老师没有交易思想，学生的交易技术就不可能提高，也学不好交易。

例如，学插花或学剑道，去学校一看，有一块黑板，上面写着"古流华道教授，池坊插花"，或"阴神流道场""小野派一刀流道场"，等等。

就是说，在还没开始正式学的时候，就让学员先选择一个思想，正是这一思想才能让学员踏上提高的台阶。

只有经过实践才能提高

自学期货的人因为没有交易思想，所以常常碰壁。

自学的不利之处在于：①变得任性；②三天打鱼两天晒网；③即使走错了路自己也发觉不了。所有这些都是因为没有交易思想，因此无法提高。

然而，不管有什么交易思想，必须加以实践。说得再天花乱坠、理论一大套，没有实践，只会遭到别人的轻视。

期货公司业务员在客户面前理论是一套一套的，他们口若悬河，但他们对自己说的话完全不负责任，因为他们自己没有单子下在里面，所以我们实际操作的投资者不要被他们所蒙蔽。不然，前面说的投资者在股市暴跌时呆若木鸡的悲剧就会再现。

因此我认为，首先要有一个交易思想。其次，以这种交易思想为基础，要有一个具体的操作方法。第三，实践这个方法。这才是炒期货（股票）的正确方法。

你没有必要想让你的交易思想获得大多数人的认可，你也没有必要去迎合大多数人，只要能够投入实践，那就是职业炒手。

当然，如果你的交易思想是无法付诸实践的空想，那就不是职业炒手，也别指望会有什么提高。

职业炒手是什么样子的

职业炒手，在税务所的职业分类里没有这一个行当。喜欢唱歌，整天泡在卡拉 OK，通过不断地练习，最终成为职业时别人会称你为歌手。

如果喜欢炒期货，并且专职炒期货，按理说应该称为“期货师”，但不知为什么没有这一个职业。

这也许是因为期货职业炒手的实际状况与人们的想象差别太大的缘

故吧。

卡拉 OK 唱得好的人，人们也不会叫他歌手。

像我这样水平差的人，只要在打高尔夫球，就可以称为高尔夫球手。但把打高尔夫球作为职业的人，人们就称他为职业高尔夫球手。

看来人们对职业的称呼是有一点儿混乱。

那么，期货职业炒手指的是什么样的人呢?

用高尔夫球手的叫法来类推的话，是不是不管什么人只要炒期货就可以称为期货师呢? 在习惯上不这么叫。

另一方面，只要在股票或期货行业内工作，即使没有实际的操作经验，也被人们称为专家，但他这个专家称号是打引号的，是光说不练的专家，就像不能把在高尔夫球场工作的工作人员或者捡球员称为职业高尔夫球手一样，不能把期货公司的工作人员称为期货师。

我有一个熟人是证券公司的管理人员，常在报纸上发表文章。他的文章知识丰富、论点明快，因此每当股市变动激烈的时候，有些报纸都会邀请他写文章，然而他本人生平一次也没有实际买卖过股票。

他本人也说：“我虽然在股票公司工作，一般的人以为我是专家，但我没有实际交易股票的经验，而且我也没有好好地学习股票，所以股票投资技术其实比新手还不如。”

我问他：“既然你的见闻这么多，一直在股票的圈子里混，你为什么不实际进行操作呢?”

他模仿着我的语气笑着回答我说：“我在股票界里长年混，所见所闻的结论就是‘想靠股票投资挣钱太困难了’。”

顺便说一下，他所在的证券公司是不会给投资者提供什么有用的信息的，是一家坑骗投资者的公司。

能在市场里长久存活的人，才是职业炒手

前面我写的这些东西看起来像一些没用的议论，其实不然。一般的人对职业炒手的误会很深，为了他们，也为了许多想提高期货技术或股票投

资技术的人，我想把这个问题再写得透彻一点。

一般人们认为，水平低的人是业余玩玩，水平高的人是职业炒手，但有的时候也没办法用水平高低来区分职业、非职业。

例如，在业余高尔夫球公开赛上，业余的高尔夫球选手也可以参加。如果业余选手打得比职业高尔夫球选手好，排名甚至可以排在职业选手前面。

举世罕见的高尔夫球选手约翰波比，以前也是一个业余高尔夫球选手。

有人反驳说："你把期货职业炒手跟高尔夫球选手来对比是不恰当的吧？因为打高尔夫球，即使像你这样水平低的人，只要自己愿意，就可以长期打下去。但在期货的世界就没这么宽松了：水平低的马上就会被淘汰出局。从这个意义上看，能够长期存活在期货市场上的人，才是职业炒手。"

他的这个意见倒是颇有道理。

让我们看一看曾经在期货、股票市场上显赫一时的人物最后都是怎样的结局。

远一点的例子有号称日本头一号暴发户、赚钱机器的铃木久五郎，近一点的例子是由于巨大的理财技巧而风靡全国的 H 兴业的 K 社长、S 公司的 T 社长，特别是 H 兴业的社长还把资金投入到外汇市场。日本的银行曾经劝国民不要参与外汇投资，他根本不理会，照样参与外汇投资。他曾发出豪言壮语，要把世界的美元行情搅个天旋地转。但是，在 1990 年股市大暴跌中他与普通的大妈投资者一样，不知如何是好，亏惨了。一开始，他还故作镇静地说不打算放弃股票投资，但坚持到 1991 年底，H 兴业的 K 社长、S 公司的 T 社长都宣布放弃投资理财项目。真像是一幅漫画一样——虎头蛇尾的结局，开始的时候兴高采烈，但高兴不了多久。

除了他俩之外，期货、股票市场上还有很多有名的人，最后毫无例外地都消失了。所以，能够在市场上长期生存的人，才是职业炒手的说法是有道理的。

一般的投资者以为，运作大资金的人就是职业炒手，这也是一个误解。

在股市疯狂的顶部，有许多活跃的庄家拼命逼仓，欲将对手置于死地而后快，曾经是多么的不可一世。但曾几何时，他们就像水面上的泡沫一样迅速消失不见。

由此可见，运作大资金的也不一定是职业炒手，他们往往技术水平并不怎么样。所以，看上去有点儿傻乎乎的观点，在市场上能够长期生存的就是职业炒手这个观点反而是正确的。

还有一些意见也比较有道理：

（1）靠股票投资或炒期货获得生活费的人是职业炒手。

（2）能彻底进行危机管理的人是职业炒手。

能够做到这两条的人，他们必然是交易水平很高的人，由此引申出：

（3）与资金量无关，交易水平很高的人才是职业炒手。

职业炒手是怎样一种人，读者可以理解了吧？

认真的职业炒手像出污泥而不染的莲花

有一次我问会计师："为什么没有职业炒手这个职业？"

会计师回答："违反公序良俗的工作是不能作为职业受到认可的，比如小偷、黑社会组织、卖春妇等，都不能算作一种职业，是一样的道理。"

我问："那我再问你，认真的职业炒手生活规律、早睡早起，不铺张浪费，不酗酒，过着朴素生活，谨言慎行。相反你看那些房地产开发商的暴发户，晚起晚睡，铺张浪费，拿钱不当钱，强迫别人拆迁，贿赂官员，哪一方面更加遵守公序良俗，这不是明摆着的吗？"

会计师说："这是一个社会观念的问题。我国是民主主义，少数服从多数。说到底职业炒手的工作并没有制造出实际东西来，而制造业不管怎么说有实际物品存在，而投机行业只是金钱在那里买进卖出，表面上看起来很高尚，内里其实很肮脏。"

我无语。

跟他再讨论下去已经没什么意义。

社会上一般的人认为证券公司、期货公司等投机行业的人，成天在钱堆里打滚，常常凭着三寸不烂之舌骗人。在我看来，如果说投机行业的大多数人都受环境影响变得肮脏不堪，洁身自好、靠自己技术赚钱的职业炒手的生活方式，就像出污泥而不染的莲花一样。

我这样说，别人会认为我太自命不凡了，因此我只好沉默。

但是，如果交易水平不高，在期货市场里真的活不了多久。为了在期货市场上活下去，必须搞好资金管理。

那么，交易水平高，指的是什么？长期以来，在炒期货的人之间，大家一直在讨论这个问题。这个问题牵涉面既广又深，大家争论来争论去，始终得不出一致的看法。而且一般的投资者对这个问题也有很多误解。

集体变得愚蠢的羊群效应

期货公司是让别人炒期货的地方，期货公司老板自己从不炒期货。期民，就是自己炒期货的人。两者的立场正好相反，因此两者的观点相反，没什么奇怪。但同是炒期货的人当中，每个人的观点也会完全不同。在我的事务所常常举行讨论会，特别是讨论者当中有文化背景不同的外国人参加时，往往能听到令人目瞪口呆的观点。

A 先生说："对将来必然会发生的事情有先见之明，这在期货上就是预测。"

B 先生说："光预测，不交易也是白搭。"

C 先生说："多动动脑筋。"

D 先生说："日本的股票书尽兜圈子，就像日本人学英语，学了十几年还不会日常会话。股票书不应该只写技术分析，还应该写一些交易方法。"

……

他们都没有谈到点子上，实际交易者最关心的水平高、水平低的问题，谁也没有谈到。

他们这种讨论，不会越讨论越明白，只会越讨论越愚蠢。

这是一种变得越来越愚蠢的羊群效应。

有一些投资者聚集在一起有一种变得越来越愚蠢的倾向，即变得越来越愚蠢的羊群效应。

在期货世界里，这种现象发生的频率很高。

曾经有一些有相当交易水平的医生聚集在一起，成立了一家职业炒手俱乐部，但是不到两年这家俱乐部就解散了，原因是随着时间的推移，当初为何而聚集的目的渐渐被遗忘，交易成绩不理想，每次聚会，会员之间总是反复进行一些无意义的争论，最后不得不解散了。

另一个例子。某一言辞辛辣的股评家召集了一些有相当水平的职业炒手，一起成立了一所投资学校。到了第 3 年，学员的聚会讨论变得像是“一群斗败的狗在那里互相舔伤口”。有的说，这只股票亏得这么厉害不是怪你，而是庄家太狡猾了。大家在那里互相安慰。

一群人集中在一起的时候，每个成员虽然知识和能力都有差别，但大家都渐渐向水平低的人看齐，这就是愚蠢化的羊群效应。

以上是两个愚蠢化的羊群效应的典型例子。总之，在期货或股票的世界里，格雷欣法则和墨菲法则从某种程度上看，也是会起作用的（译者注：格雷欣法则。格雷欣法则或格勒善定律（Gresham's Law），也被称作劣币驱逐良币（英语：Bad money drives out good），是一个经济学定律。托马斯·格雷欣为16世纪的英国伊丽莎白铸币局长，格雷欣观察到，消费者保留储存成色高的货币（undebased money，贵金属含量高），在市面使用成色低的货币（debased money）进行市场交易，而使得在民间流通的大多为劣币，良币则较少见于世，此定理也被广泛用于非经济学的层面。墨菲定理。墨菲定理（英文：Murphy's Law），具体内容是“凡是可能出错的事必定会出错”，指的是任何一个事件，只要具有大于零的几率，就不能够假设它不会发生）。

墨菲定理自古以来即有，如民谣所说：

I never had a slice of bread particularly large and wide that did not fall upon the floor and always on the buttered side.

即“面包落地的时候，永远是抹黄油的一面着地”。至于墨菲定律的名称由来可追溯至1949年间，由当时参与美国空军高速载人工具火箭雪橇MX981发展计划的John Paul Stapp上校旗下研究员首先提出，以当时亦有参与计划的研发工程师爱德华 A. 墨菲命名。当时模拟实验已清晰要求参与者把夹用正面夹好，结果还是有人连续 47 个夹都夹错了，故此引申出一件事可以差到尽可能差的时候便会差到极限。

墨菲定律是指“凡是可能出错的事均会出错。”（Anything that can go wrong will go wrong.）。引申为“所有的程序都有缺陷”，或“若缺陷有很多个可能性，则它必然会朝情况最坏的方向发展”。

劣币驱逐良币，这一法则在期货实践上，常常表现为：有的交易员喜欢同时采用两种互补的交易方法，其本来目的在于使交易结果更加优秀。但结果往往事与愿违，好的方法没有发生作用，差的方法却“驱逐”好的方法，起主导作用，导致交易出现最不理想的结果。

所以交易思想要单一、专一。

各个流派的方法因其各自的特点，所以才有存在的价值。每个流派有其优点，但同时也存在着缺点。对待这些缺点要采取容忍的态度，因为，如果去掉缺点部分就不再成其为原来的流派了。为了提高交易技术，交易者要专一的学习一种流派的交易方法，不要想同时学两种或两种以上。

墨菲法则应用在期货方面，假如有好几个方法供你选择，你一定不要选择看上去最容易赢钱的那种，因为那样往往你会选到最差的方法。

如何提高交易技术

几个人聚在一起，谈的东西没有新意。

这些高谈阔论并没有抓住期货核心的东西，理论脱离实际，越讨论越愚蠢，全然不知道应该干什么。

其实很简单，只要考虑怎样让交易技术越来越巧妙就可以了。

什么叫作交易水平高?

感受波动的感觉灵敏，交易技术高超。

用高尔夫球来打比方，就是当球飞过来时能迅速预判它的方向和速度，击球的技术又非常棒，那么，此人的高尔夫球技术称得上是高超。

音乐也好，插花也好，剑术也好，世上所有能够用高超两个字来形容的，一个是感觉灵敏，一个是动作灵敏，这两个合起来才谈得上高超。

不是任何人买一架钢琴就可以称为钢琴家，只有具有出色的乐感和高超的技巧才被人们称为钢琴家。同样的，也不是随随便便一个人去期货公司开个户，就可以称为职业炒手，只有对价格波动的感觉敏锐、交易技术高超的人才被称为职业炒手。

说到技巧，大家不要贪多求全，务必把一个流派的技巧彻底搞通、搞透，招数不是越多越好，而是要求质量。世上好东西时常少而难求，过多必无益。广博难免平庸，想门门皆精，结果却常常不随人意。博不如精。

绝世高手山崎种二在谈起期货的时候，常说自己的流派是“如何”，“如何”彷佛成了他的口头禅。可见，绝招只用一个流派的，务求彻底精通。

如果你想成为职业炒手，千万不要什么都学。

第三章
朴实的交易才是好交易

有人以为这本书写得太悲观了

《投资日报》报社会长镝木繁写了一本书，书名叫作《期货的 K 线——走向期货深处的羊肠小道》。

我很推崇这本书。我对俱乐部的会员介绍道："这本书搜集了各个流派的方法。从酒田 K 线法、斐波那契数列、江恩理论，到天体神秘论流派等等，大约列举了 30 多种走势图和分析方法，内容之丰富前所未有。估计读者读完之后可能一瞬间脑子里空空如也，充满了一种虚无感。"

由于在推荐这本书的同一时期，我们股票俱乐部的月刊里登了一篇文章，这篇文章引起了一部分读者的争论。其中有些投资者向我来信或打电话提意见，讨论的话题主要有以下几点：

（1）为什么投资者会下一些毫无道理的随意单？

（2）为什么投资者不能理解以交易为生不是那么兴奋刺激的事，而是一件单调乏味的事？

（3）在电视里面的问答猜奖节目中，猜不中不会亏钱，猜中了却可以拿钱。有些读者就以为炒期货也和这种节目一样，没有任何风险。一旦在期货交易中亏钱，被吓得不浅，开始动摇。

有一个读者阅读了镝木繁著的《期货 K 线——走向期货市场深处的羊肠小道》一书，到我的事务所来访问。他说他做了 10 多年期货，已经有点儿入门了。下面是他与我的对话。

读者说："上次你向我们推荐说镝木繁先生出版了一本好书，我去买来读了后，发现这本书不怎么好。"

我问："什么地方不好？"

读者说："确实，这本书收录了各种各样的K线理论和分析手法，但是没有写最重要的结论。"

我问："你说的结论是怎么回事？"

读者说："不管K线方法也好，分析方法也好，应该逐个进行比较分出优劣。而这本书里这一点没有写，那么写这本书就没什么意义。"

我说："原来你是持这样的观点来读这本书的，那我就给你解释一下。解释之前我先问你，你读了这本书开头部分的一个捡垃圾老人的话没有？"

读者说："我读了，这本书一开始写的是失败的本质，然后是捡垃圾的老人的话，然后是领带的式样等。你向我们推荐的时候说这本书是期货的哲学，但是我读完全书给我的感觉就是这本书悲观的倾向比较强。我是一个炒期货的人，总是想读一些有建设性意义的书，但这本书太悲观。"

指标和K线方法的优劣是没有办法比较的

镝木繁写的这本书，平时就被我放在事务所桌子上。

有一天，一个熟人（职业炒手）到我事务所来，他看到这本书就拿起来读，读着、读着突然站起来走向厕所。过了一会儿他从厕所里出来对我说，"他要买这本书。他读这本书深受感动，忍不住流泪，刚才跑到厕所里是去擦眼泪了。"

接着前面的对话，读者说："这么多愁善感的人是不可能在股市上成功的。"

我说："他至少比你成功得多。但这个问题不重要，我们暂且搁置一边。你说这本书很悲观，其实这本书论点恰恰是让读者不要悲观。我是这样理解的，但这属于心理方面的问题，比较抽象，我们俩人再争论也得不出一致的意见，我还是先给你解释另一个问题。"

“你认为这本书没有告诉读者哪种 K 线分析的方法最优秀，因此此书没意义。”

“我告诉你，各种 K 线的方法是没办法比较孰优孰劣的。这本书不是自命不凡地评论各种 K 线方法的书，我认为作者就是避免自命不凡才这样写的。除了幼稚和荒唐的 K 线方法，每种 K 线都各有各的特色，当然也有各自的缺点。但是一种 K 线的方法之所以能够流传下来，就是因为优点远远多于缺点。”

“因此，没有办法比较 K 线方法之间的优劣，当然也没办法指出哪一种 K 线方法最好。”

“比如说，讨论剑术当中的柳生派和一刀流派哪一个更厉害，或者讨论蛙泳和自由式游泳，哪一个姿势更加优越，是浪费时间吧？”

读者说：“你这个比喻不恰当。”

我说：“我不认为不恰当。条条大路通罗马，什么方法最好，答案不是只有一个。这一点你能理解吗？”

十多年以前，期货行业刚开始听说基金经理这个词，我们俱乐部的会员当中有一个人在某家证券公司工作。从他们公司又调到他们同一个系统的顾问公司里当基金经理。这个人是个爱钻牛角尖的人，他说为了追求利润最大化，什么交易方法最好，答案只有一种。

我对他说，数学答案的确可能只有一个，但人做的事情，答案肯定不只是一个，而是有好几个。

为什么？因为每种方法都有长处也必有弱点，因此才分成各种流派。这个基金经理现在也渐渐明白了，也不再坚持“最好的方法只有一种”的观点了。现在甚至搞程序化交易的人头脑也变得柔软，也同意答案不是只有一种，研究思路也不再僵硬了。

有许多投资者什么也不思考，什么也不干

我继续说：“因此，你不要问别人 K 线方法的优劣，你自己喜欢哪一种呢？”

“凡事你自己先动动脑筋，不要什么都依赖别人。比如说，这本书大约罗列了 30 多种 K 线的种类和分析方法，你对它们进行一下分类，看看它们各自的理论依据是什么。再比如说，六甲和九星是属于循环理论，就是历史上的波动会按照一定的时间周期再现；看趋势的方法；看涨跌的角度；看形态，三角形、旗形、楔形，等等。”

“以你自己的观点来分类也没关系，总之你自己进行一下分类，一定会有新的发现。你不是说你喜欢建设性的东西吗？你不认为这样分一下类对你是有建设性的吗？”

读者说：“分类太麻烦了。”

我说：“看来我还是高估你了，我以为你是一个有常识的人，对股票学习也比较热心，现在看来你完全不是这样的人。”

“在一般的投资者中，层次最低的就是跟着别人跑的投资者。”

“跟风型的投资者的特点是，什么也不干，什么也不想，做事情全部依赖别人，思考分析也依赖别人。只听别人的预测结果，直接根据预测的结论进行买卖。”

“他们既不记录每天的价格，也不画走势图，也不进行分析，简直就在那里猜行情，把股票投资当作一种赌博，因此他们的交易技术不可能提高，直到亏光也不会醒悟。”

“看来你也是这样的人啊。”

说是尊重专家，却听不进我的劝告

这位读者争辩道：“书是为了让别人学习用的，但也不能强迫别人学习。你说跟风型的投资者什么也不干，什么也不思考，但我的情况不同，我尊敬专家，尊重他们的意见，因为他们都经过深入学习，经验丰富，所以我才听专家的意见，这与跟风型投资者不是一回事吧？”

“当然，投资盈亏要自己负责，盈亏取决于自己的能力。但我听专家的意见进行投资活动，不管是盈是亏，责任都由我自己来负，这有什么不对吗？”

……

镝木繁的书引出一系列概念问题，我列举了许多例子，努力给这位读者讲解，但直到最后也没能让他理解我的观点。

我于 1991 年 6 月 14 日在向股票俱乐部会员推荐镝木繁的著作——《期货 K 线——走向期货市场深处的羊肠小道》，在这之前的一星期左右，我还在内部刊物上发表了几篇文章，那几篇文章也引来部分读者的一片反对之声。

我认为我的文章里讨论的问题对炒期货的人来说是很重要的问题。

下面我把有争论的文章刊登出来，你们也考虑一下谁是谁非。

任性，会导致水平降低

弹钢琴的水平越来越低

有一个派头很大的高官夫人，常对周围的人夸耀自己的音乐修养高，钢琴的演奏水平高。有一天她请了我和我的朋友两人去她家，听她演奏肖邦的钢琴曲。

弹奏结束之后，她问了一句令我俩目瞪口呆的话："你们听完我的演奏，理解了肖邦乐曲的深邃含义了吗？"

她的语音里带有点儿嘲笑意味，笑我们什么也不懂。

我的朋友赶忙回答说："肖邦音乐博大精深，今天真令我们大开眼界了！"

我的朋友忍不住偷笑，然后马上憋住了笑，绷着脸装得一本正经的样子。

……

刚离开她家门，我就对朋友说："刚才她弹得难道是肖邦的钢琴曲吗？如果这都是肖邦的钢琴曲，那肖邦先生也就太可怜了。"

朋友说："她弹奏的那根本不能称为音乐，简直是噪音。我这样说也许有点儿过分，但是为什么她弹的音调突然会跑调呢？"

我说："估计她年轻的时候是跟着老师学琴，但结婚以后就自己一个人弹奏，逐渐地就变成了她现在这种弹奏风格。节奏混乱，高低音的轻重也乱糟糟的。常年累月下来，连你我这样业余水平的人也能听得出来她弹得很糟糕，她一定是走上了一条方向错误的学习道路。而且由于她是官员的夫人，平时在生活中也比较傲慢、任性，因而她钢琴的演奏习惯也受到影响，坏习惯没有受到约束被无限放大了。"

我的朋友说："现在的一些新开户的期民简直就很像这位夫人，交易还完全不成章法，却还故作深邃地说'交易就像人生'。开玩笑也应该有个限度吧!"

然而，林先生，我们也不能光说别人，我们自己如果稍微骄傲自大，我们的交易技术也会像这位夫人的钢琴技术一样，水平变得越来越低。所以，我们自己也要努力，不能落得被别人嘲笑的结局。为了自己，也需要注意戒除骄傲情绪。"

以上我写的这篇文章引起一个职业炒手的共鸣，他读后给我写了一封信。

此人是乡下的一家期货公司的监理，他对期货的喜爱程度比一天三顿饭更甚。他以前是一家投资俱乐部的组织者，俱乐部已经正常活动了十多年，但是最近他突然宣布将俱乐部解散，原因是俱乐部所有的会员都完全不学习，大家出席每月一次的聚会时，光是打听有什么好股票，他真心想教，但是没有听众。

以下是他来信的部分内容：

期货投资者为什么喜欢浮躁地猜行情？世上大部分事情都很容易看到，唯独别人炒期货很难看到。因此，都以为自己做的交易很正确。但是我想，即使给他们看，他们也看不懂。

公司文员模仿演员化妆，白天也做着面膜，样子像一只熊猫一样；傻瓜男子模仿江户时代春宫画上的48个难做的体位，结果不小心闪了腰。这就是那些水平糟糕的投资者的形象写照，但由于他们智商低，自己却感觉不到自己的样子有什么不妥。

林先生的文章里描写的那个弹钢琴的贵夫人也是这样，她以为自己弹得多漂亮，音阶跑调了还不知道，还在那儿一个劲儿地炫耀给别人听。

听得懂肖邦音乐的奥妙吗?

听不懂的人正是她本人。估计要想让这位夫人理解肖邦音乐的奥妙是不可能的。

有些傻小子看了描写黑社会的电影之后，很羡慕电影中的黑社会老大，认为他们很帅。他们都是被电影演员的演技所蒙蔽，以为电影中的东西都是真的。

那些水平糟糕的投资者也像这些傻小子一样，很难让他们理解真正的交易是很朴素的。他们不明白，漫画、电视剧里那些浮华、花哨的交易是虚构的，真实的交易不是这个样子的。

骄傲自大、目空一切，后果如何

有一次，一家投资俱乐部邀请我去给他们的会员做一个演讲，演讲的题目是《对冲交易》。那家投资俱乐部从成立到现在，已经有 17 年了，真的很不简单。

演讲结束时，投资俱乐部的经理与我谈了一会儿话。

他告诉我："俱乐部有一个规定，就是禁止政府官员、公务员入会，因为在政府机构工作的人都比较任性。其实，我们一开始并没有这条规定。俱乐部刚成立的时候，当官的人也可以入会。因此，有一个在政府机关工作的人成为了我们的会员。但是，后来其他会员开始对他不满，所以就让他退出了这家俱乐部。官员的特点是目空一切，高傲自大，看不起旁人，自己也不努力，与别人的协调性也很差，没有责任感，等等。有一次大家齐心协力收集股票数据的时候，他的这些性格特点暴露无遗。

"由于我们俱乐部一直坚持不让官员、公务员参加的规定，大家齐心协力，所以才能存续至今，没有半途解散。"

俱乐部的经理说得不无道理。但我知道，官员、公务员不努力，是因为在他们生存环境里，个人不宜过分努力，枪打出头鸟，如果某个人特别努力，就会受到旁人的妒忌。公务员没有成本意识，是因为他平时的工作是吃官饭的，是拿着纳税人的税金，是他工作的性质决定了的。比如平时采购也好，出差花多少钱也好，跟他的工资没有关系，所以他没有成本意识。至于官员、公务员没有责任感，是因为所有的责任都是会有国家或地方自治区承担，他自己是不用承担任何责任的，所以他没有任何责任感。当然，每个人还会有一些差别，但是公务员的职业环境容易把他们造就成那样的人。

在政府机构工作的人，说话的态度与一般的人也不一样。例如到我这里来提问，他会用居高临下的态度质问，不太容易接受其他人的意见，协调性差，但是对提供给他的统计数字之类他还是勉强可以接受的。公务员一般对走势图绘制或者资料的收集分类比较擅长，但他们的分析结论基本上都貌似深刻，实乃圆滑官腔，空洞无物，但却自命不凡。

那个高官夫人的高傲与自命不凡之处比公务员更厉害，完全没有教养，待人接物俗不可耐。我们炒期货的人一定要引以为戒。

即使赢1日元也是一个高手

在投资俱乐部演讲中，有一个听众A提了一个问题。

听众A问："先生，你有一篇文章说即使赢了1日元也是一个高手。当然1日元不是计算意义上的1日元，只是说盈利很小，但是我认为盈利很小就谈不上高手。对这个问题林先生怎么看？如果仅仅盈利微不足道的一点儿钱，与我们投资的目的就相反了，这样投资行吗？"

我回答："你的意思是说才盈利1日元，就谈不上有什么投资成果吗？"

听众A说："是的，投资就是为了获取最大利益。"

我说："你说的这个道理当然不错，但是现实往往达不到理想状态那么完美。从现实状况来看，能够盈利1日元何止是高手，简直可以称为神仙了。"

听众A说："让我们想象一下这样的状况。比如某人买了股票，本来浮动盈利已经很大了，但是由于价格下跌就慌忙抛掉，结果只赢了1日元。这样的人不仅不是高手，恰恰是典型水平低的人。"

我说："据说股票投资能够盈利的人不到5%，实际上盈利的人到不了

5%，只有2%～3%，所以如果你能盈利1日元，那你已经进入了这2%～3%的赢家之列了。

当然，1日元的盈利看起来是微不足道，连银行的利息都比不上，但是，这样微小的盈利积攒起来，就比那些光做梦发大财而实际大亏的人踏实可靠多了。把小的利润进行复利积累，是一种很踏实的交易态度。

交易不要浮华，要踏实

在赛车比赛中即使出现了有人身伤亡的重大事故，观众并不会很惊讶。但是，在电影中即使没有出现死者，也会给观众带来很大的冲击力，有的观众甚至紧张得手心都出汗。这些都是由于电影的人物演技和特技效果造成的。电视剧里的人物语言和动作都非常夸张，也会给观众造成深刻的印象。但如果我们在现实生活中也这个样子，会被别人当作疯子。就是说，人们在现实社会当中的言论、行动，不能像电视剧中的人物那么夸张。

这些现象对我们的投资学习也有借鉴意义。有一些股票书号称如果按照书中方法做就能赚钱，实际上是夸大其词。书中推荐的那些浮华、华丽、花哨的操作方法绝不是职业炒手的真实做法。实际上，以交易为生的职业炒手的操作方法是非常朴素的。

当然，某些盈利至上的期货、股票公司的业务员为了提高业绩，会怂恿客户频繁进行交易。

客户上业务员甜言蜜语的当，那只怪他自己没有主见。

我的一个熟人，他专做价差交易。有一天他到我这里来叹苦经，抱怨现在的年轻人不踏踏实实地学习。以下是他抱怨的内容：

我亲戚家的儿子，大学毕业之后就职于一家一流的大公司，然而没有干多长时间就从这家公司辞职了，他让父母给他出资开了一家吃茶店，主要供应咖啡、红茶，兼售小吃、点心等，除了经营吃茶店，在生意空闲时他还投资股票、炒期货交易，但是总在亏钱。因此他的父母就很担心，就到我这里来找到我，叫我看一看他儿子是否可教，如果可教，就教他儿子股票、期货交易。

我和他儿子见面之后，感觉他儿子看上去并不怎么笨。

这个小伙子对我说："吃多大的苦都没关系，我想学一手过硬的股票投资、炒期货的本领。"

一开始，我让他花了两个星期的时间做价格记录和绘制走势图。机会来了，我就让他实盘开仓建一些头寸。

然而，这种开仓的机会不是每天都有的。

于是他就向我抱怨："不是每天买进卖出，很枯燥无味。"

我心想，他一定是看有关职业炒手的漫画，电视剧看得太多了。好做白日梦，净在那儿计算，一年有百分之多少的盈利，几年以后就能赢到10亿日元等问题。

现在我让他做的都是很重要的基础学习，如果基础没打好，他的能力就无法提高，交易机会来了他也抓不住。

在打基础的阶段一定要小心，绝不能误入岔道。况且，实际交易与漫画上描写的是不一样的。技术提高是一个漫长的过程，不像冲泡方便面那样3分钟就好了的事情。

我这样对他劝说，他就开始顶嘴，终于两人吵架，只学了两个月他就不来了。

林先生，你怎么看？现在的年轻人不是速成的东西就不能坚持，难道都是因为漫画看得太多造成的吗？真是无法理解。

一个交情很深的业务员

前几天，专门负责接收、处理我的交易指令的业务代表因糖尿病而退休了。

由于双方有30多年的交情，说话很随便，没什么顾忌。

股票俱乐部把日本针织品选入了股票池，我打电话给他，要买这只股票。

业务代表Y先生说："什么，买这种骗人的股票？那你还不如把钱扔到阴沟里去呢。你把钱扔了还能听一声响呢！太可惜了，反正我收了你的手续费，亏钱也亏不到我，和我不相干，你愿意买我会给你把单子报进去。”

我老婆听说了这件事，说：“Y先生说买这只股票不可能赢钱吗？那赶紧用我的账户再买5000股。用他自己的口头禅来说‘这是白捡的，不赚白不赚’。”

在购买福助袜子公司股票的时候，Y先生很神秘地对我说：“你知道吗，现在时代变了，日本式短袜已经没有人买了。这个连产品都卖不掉的公司股票你去买它干什么？想上吊的话你也应该找一根结实一点儿的树杈，买这种股票还不如直接上吊来的痛快。但你是客户，你说要买我还是不得不给你买，太可惜了。”

Y先生总是一边接受我的订单，一边胡说八道，说一些乱七八糟的话。

还有一次我在下单利用保证金卖空新日铁股票的时候，Y先生又说：“老板，你脑子有病啊？新日铁这只股票已经被美国的一家养老基金公司盯上，吸进不少筹码了。它底部的价格已经扎实得像水泥地一样，再下跌的余地已经没有了。你卖空这样的股票不是找死吗？不可能赢钱的，亏了钱老婆和小孩就太可怜了。美国养老基金不断地做多，价格不可能再下跌了。”

总之在我下单子的时候他总是旁敲侧击，迂回地找一些反对的理由来劝阻，但实际上最后总是接下我的单子，同时有大笔资金在进出。他这种说话方式比起证券公司净说假话的投资演讲会，我觉得还有一点儿幽默感。

后来我让他替我买进了日本针织品股票和福助袜子股票，替我抛空了新日铁股票，都获得了不菲的收益。

Y先生每年总有一次给我打电话过来，压低声音，用挺神秘的声音跟我说：“你买买看这只股票怎么样。”

一看是一只奇怪的股票，我就知道他一定获得了内部消息。看上去他自己对这个消息有相当的自信。这时候他总是说“这个机会是白捡的，千万不要错过”。

至于为什么这只股票能赢钱，他的嘴很严。因为，如果他告诉了我原因，就会给传递消息的人添麻烦，以后对方就再也不会告诉他内幕消息了。从这一点上看，他这个人虽然平时嘻嘻哈哈地开玩笑，其实是一个非常认真的人。然而，他每次推荐给我的股票，最后表现都不怎么理想。

世上没有白捡的便宜。

猜测行情的结果是一场空

有一个投资者读了我写的 Y 先生的趣事之后，打电话来说我写的这篇东西是胡说八道，他认为有两点不妥，一是业务代表回答客户的语气明显是看不起客户；二是林先生夫人把 Y 先生的意见当反面指标，也是看不起 Y 先生。

我估计这位老兄平时总想着猜行情、赌一把，为此咬牙切齿、双目充血，紧张得已经没有一点儿宽松心态了，所以 Y 先生的那些乱七八糟的玩笑话在他听来很不舒服，认为都是胡说八道。

其实，Y 先生给我说的玩笑话不是在胡说八道，他与我的关系不是单纯的业务代表与客户的关系，我和他都在期市、股市场长期生存，对期货、股票交易的难度、这一行的内幕都很清楚，我们俩都明白猜测行情是多么愚蠢，明天是涨还是跌，不管谁猜，都不是那么容易猜中的。相反，猜错倒毫不奇怪，是很正常的。

正因为我们俩对这个行业都有清醒的认识，双方都默契到互不生气的地步，所以才会说一些玩笑话，这种玩笑话都是在尊敬对方的基础上产生的。

下单的人需要别人鼓励一下

我问那个投资者："那你认为业务代表在接受客户订单的时候应该怎么回答？"

他说："只要把订单复述一遍就可以了。如果你认为客户选的股票不错，就夸奖客户一下，最好不要强迫客户买什么股票，更不要对客户决定要买的股票说三道四，例如说什么'这种股票要赔钱的'之类的话，至少这样说是不礼貌的。"

他的话真令我无言以对。

让我来设想一下，假如客户打算买日本针织品股票，我猜想他一定希望业务代表这样回答客户："真不愧为是名家啊，出手不凡，能够注意到谁都不曾留意的股票，现在跌得这么厉害，谁都不敢出手，唯独你人弃我取。投资大师都是在市场人气最低的时候出手吸货的，你独具慧眼，买了日本针织品股票，服了！的确是高手。"

作为客户，选了一只好股票，正洋洋得意呢，再听到这种恭维话入耳，心里是很舒服的。但像这种夸张的溜须拍马非常耽误事，因为吹捧会令客户飘飘然，头脑发热，思路被引入歧途。正像我朋友说的那样，我们只要稍微有点儿骄傲自大，马上就会发挥失常，水平会直线下降。

那么，假设是另一种情况，就是像他说的那样，对客户的订单只是简单地重复，结果又会怎么样呢？

例如，业务代表说："买入日本针织品股票？好，我马上下单。好，再见。"

听到这话，下单买股票的人会惴惴不安，心里嘀咕："我买这只股票，业务代表什么意见也没发表呀。他嘴上不说，心里肯定在暗笑我是傻瓜，'买这么不起眼的股票'。瞧着吧，这只股票我一定要大赢一把，让你们吃惊。"

你看，如果业务代表仅仅是机械地重复一下客人的订单，什么意见都不发表的话，就会招致这样的结果。人性就是这个样子的。因为客户在下单的时候都是暗暗地鼓着一股劲儿的，尽管每个人程度有所不同。即使是相当熟练的老手也会有一种个人的干劲掺杂在里面。稍微带有一点儿期待，就好像买了一张奖券一样。况且新手是废寝忘食地研究之后，才好不容易地选择出一只股票。在他们买的股票上面寄托着他们的希望和梦想。

而我和Y先生之间开玩笑的话，看起来他是在说一些打击我的话，实际上里面包含着这样的意思："林先生，你要小心地操作啊，股市是有风险的，不是像你期望的那样能赚那么多钱，即使我知道你是明白这一点的，我也要苦口婆心地提醒你一下。”

所以，他那些像相声一样的玩笑话，听进我耳朵里一点儿也不觉得刺耳。

说假话还是说真话

有一次，一家中型证券公司的部长到我研究所来访问。

他说：“上一篇文章你写得很有意思，我读了之后忍俊不禁，把这篇文章拿给我们公司年轻的业务员读，他们读后说，要是都像这个业务代表那样说话，就什么买卖也做不成了。我又把文章拿给老业务员读，老业务员读了之后，悠然说道：‘真羡慕那个业务代表，能够无拘无束地与客户对话，那么融洽。而且还有这么好的客户，即使开这样的玩笑也不生气，真是像梦一样的理想状态。’某些证券公司业务员为了达到说服客户买股票的目的，一天到晚说谎话，他们的心已经被任务塞满，没有一丝空隙，至于以诚待人的做人处世之道早已被抛到九霄云外了。”

“林先生，教学生真东西，是老师的义务和责任。不管分析也好，预测也好，都要讲真话。当然，预测不一定意味着猜中。

“对于讲真话还是讲假话的问题我是这样考虑的，你看对不对。

“预测是很困难的，不管谁来预测都不会那么容易猜中。业内为投资者提供分析意见的人很多，但大致划分起来，基本上有两种态度：一种是‘反正也预测不准，那就随便说’；另一种是，即使不能确保预测准确，也要认真地把自己的想法告诉听众。

“即使两种人预测的准确率差不多，但在为人处世态度上大不相同，两种人的素质是一个天一个地。”

这一天晚上我和证券公司的部长出去一起喝酒，聊了很多事，我们俩一致认为，至少做人要厚道，这一条是做人的根本。

这个部长真的是一个敦厚诚实的人，他很清楚炒期货有多么难。

有所为，有所不为——设置禁止事项

据说洗冷水浴能够强健皮肤，不容易患感冒。冷水浴好处虽多，但很难坚持，往往持续了两三天就坚持不下去了，要想长期坚持，必须有非常坚强的意志，哪天停下来，又想到有一件事没完成，感到很郁闷。

任何事情若要天天去做，往往很难实行，因为弦越绷越紧，迟早会绷断的，还不如采取消极的办法：规定一下什么事情不可以做，不去做就行了。消极的办法可能反而比较容易实行，并且也能达到同样的目的。

例如，在出浴后注意别着凉，出汗时换一下内衣，岂不是更容易达到防止感冒的目的吗？

期货实践不也是这样吗？

书店里写着如何做就可以变成亿万富翁的书多得数不胜数，投资者读了以后往往热血沸腾，痛下决心准备全力按照书上的去做，但是在别的书上又写着别的方法，让人目不暇接，必须做的事项多得数不胜数，渐渐地都变成负担压在读者身上，读者必须咬牙忍受各种痛苦。这些都是“积极”的方法，或花哨的方法，激发别人的各种努力与愿望。实际情况往往是劳而无功，反而是一些消极的、不起眼的“有所不为”的方法效果更好，是实现盈利的捷径。

例如，不听小道消息，不同时开仓做好几个品种等。

消极的方法也能达到同样的目的。

外行所有的点子都不实用

某大型房地产开发公司部长是私人定制住宅的专家，他干这一行已经有 20 年了。部长对股票也颇有研究，以下是他说的话：

盖一栋住宅是一生的大事，因此大家在盖房前都拼命地学习，比如说木造好，还是用水泥盖的好，建筑物的外观如何设计，房间分割如何设计，私密性好，行走的路线又合理。

为此他们读许多的书。新式厨房是什么样子的，客厅如何设计才显得风格明快，寝室如何设计方显得安静雅致等。通过读书，客户也积聚了相当丰富的知识，他们在给我们下订单的时候确实有许多点子。然而可悲的是，他们没有学习最重要的房屋建造的基础知识以及法律法规，所以他们所有的点子全部是纸上谈兵，最后都用不上。

最近电视台正在播放一个节目，就是介绍一些有创意的新盖住宅，一般由家庭主妇面对着镜头来介绍她们引以自豪的房子。细看她们那些从书上看来的房屋设计，貌似颇有新意，但如果考虑到长期生活，就有很多不便之处，中看不中用。所以，每当客户拿着从书上看来的点子到我这里来下订单，让我照着书上的创意制作，我都冷汗直流。

写书的为了实现外行的梦想，尽写一些花哨的东西，而不告诉读者什么事情不可为，因为禁止事项都很枯燥乏味，读者不爱看。但实际上只有遵守这些禁止事项，才能盖出好房子。

同样的，股票投资和炒期货不要净做一些花哨的交易，而应该做踏实朴实的交易，这道理和盖房子完全一样。

讲真东西只会令人扫兴

有一天，我的事务所来了一个人，他说："林先生，讲真东西只会让人扫兴，未必会给听的人带来幸福。我在某家投资顾问公司工作，昨天刚辞职，在那里我给投资者讲市场的真实状态、交易的真谛，但听者的态度令我非常失望。林先生书里写的都是真东西，但您知不知道这有时会破坏读者的幸福感?

"你传授交易真谛，如果这能够彻底改变投资者那当然不错，但如果不能让投资者彻底理解，只会加深他们的迷惑，不仅救不了他们，反而扫了他们的兴致。

"如果给虔诚的佛教徒读《梦之代》会怎么样?《梦之代》写的是世上不存在极乐世界，因此读后只会给她们带来无尽的失望。因为这些信佛的老嬷嬷本来坚信人死后可以到达极乐世界，让她们致死也坚信世上存在着极乐世界对她们来说是一种幸福。

“有些投资者相信炒期货要靠猜对行情，他们沉醉于期货的刺激和兴奋。即使亏钱，炒期货对他们来说也是一件幸福的事情。

“如果告诉他们做交易不应该那么花里胡哨，应该很朴实、很简单，他们听得进去吗？他们中毒已深，还能够自力更生吗？这一点我很怀疑，只会给他们增加痛苦而已。

“越是自负于自己经验丰富的人，痛苦越大。

“比如说，某个交易者是一家之长，其交易资金是一家的共有财产，如果因其错误交易造成大亏，其全家的财产也将大幅缩水。在这种情况下，越是责任感强的人内疚得越厉害。

“以往人生经历一帆风顺的人，一旦在期货交易上遭遇失败，挫折感会比一般的人更强烈，其痛苦是一般人无法体会的。

“大公司的部长或科长级别以上的高级人员，要想转行一般比较麻烦，猎头公司不太愿意接受他们的委托。因为，如果告诉他们正在招聘高管的公司不要他们，他们会受到很大的刺激。

“因此，对于那些自称欲学真东西的人，也要在考察他们是否真的努力之后，再决定是否教他们。”

给投资者讲众所周知的东西只会冷场

一开始我对这个人的说法不屑一顾，难道说一直亏损的人开始能够盈利，不就是幸福吗？但后来还有其他读者也表达了类似的意见，他们这些意见伤害了我的自尊心。

停办两年之久的股票演讲会又将重新开始举办了，我干劲十足，提前4个月就开始准备演讲稿。由于我不放心文章中是否有矛盾之处，所以请了两个本地的职业炒手来读一下我的文章，给我提提意见。

他们两个人，一个比较喜欢从理论的角度分析问题，另一个不喜欢穷究理论。两人都很直率，但他们的意见也和读者差不多，令我很惊讶。

其中一个人说："你的演讲稿的第一部分写道'对价格波动的感觉决定了交易技术高低，弹钢琴和打高尔夫球也是一样，练的都是感觉和实践方法。但是，一般的投资者完全不重视，真是大错特错'。我建议你把这一段删去。因为你说的那些就像在对读者说'狗头向西，尾必朝东'，'苹果总是从上向下掉'这样的大白话。你对读者说'水平高低看感觉和技术'，你把这些连小孩子都懂的道理放在文章的开头，就好像在对读者说'你连这都不懂呀，惊奇，你真是一个白痴呀'。你这样写只会令读者扫兴，后面的演讲效果就差多了。你用这种高高在上的态度演讲，效果不会好，而且这次演讲主要不是讲交易技术，因此这方面的内容你不要放太多。"

我马上采纳了他的意见，把第一段改成：投资活动是一种运作大把资金的工作，不成功的投资者的共同特点就是不重视设备投入和管理。

教学生真东西会让学习者兴味索然

另一个职业炒手提的第二个问题，就是要实在、不要花哨。

他说："我的痛苦不在于炒期货亏钱，我很难改掉错误的交易习惯。想要把错误的习惯改为正确的习惯，非常痛苦，就好像戒鸦片一样难受。板垣浩先生在他的书中形容说，'这种痛苦就像在地狱中受煎熬一样难受，习惯了交易刺激和兴奋的人，要想让他沉下心来踏踏实实地炒期货，比死还难受。因此，总是改不彻底，像戒鸦片的人一样，戒了又吸，吸了又戒，直到死亡……'

"我有一个朋友，打高尔夫球时挥杆有力，总是能把球打得很远，甚至比一般的职业球手都远，但准确度不行，得分很低。打了很多年高尔夫球，水平还是很差。经常到练习场来打球的另一组中有一个人晋升为高级球手，他跑去向那个人请教并拜他为师。

"第一天，老师什么也没说。

"第二天，老师对他说：'你的挥拍动作比我还好，没有什么可以纠正的，但在最后的一击，把球打进洞里的时候总是草草了事，不考虑以最少

的击球次数把球打进洞，这样你打多少年球也不会有丝毫长进的。’

“从明天起，禁止你打 200 码以上的距离，200 码很容易打到平坦区，靠近绿地后你要全力想办法让球接近目标。1 码的距离和 200 码的距离都要消费掉一次打击数，但是你最后一击如果打坏了就前功尽弃，所以最后一击你要集中全部精力。但你现在把所有的精力都放在第一击上面，打到绿地的地方你的精力已经全部用完了，而最后打向目标洞的轻击球你却随便乱打一下，一点儿也不重视……

“打得远，那只是样子好看；实实在在打进洞里才是真本事。

……

“我的朋友后来又跟他老师一起打了几次高尔夫球，以往一提打高尔夫球他总是兴致勃勃的，但现在他越来越无精打采。因为在他看来，打高尔夫球最有趣的就是将球击得很远，而禁止他打远，那他玩高尔夫球的最有意思的地方就没了。以前他每月一两次去打高尔夫球的时候就像小孩子一样开心，打完高尔夫球，工作起来也是精神饱满，但是自从禁止他打远球之后，他就兴味索然，连工作也老出错。”

失败的责任在谁

你看，如消遣的高尔夫球，要想打好并不取决于人前显能的“打得远”，而取决于不显山露水的“准确度”。

炒期货也是一样。

但若想告诉热衷于猜行情、沉溺于价格涨跌刺激的投资者，交易只是非常单调的波段技术，一定会扫了他们的兴致。

我本想反驳说，我并不是给读者讲精神层面的东西，讲的都是一些方法，但我又忍住没争辩，因为，既然请人家来提意见，我还是虚心听着为好。

我听取了他俩的一部分意见，把我的演讲稿中“幸福的投资者”改为“幸福的家庭”，但我还保留一部分自己的主张，因为我见过许许多多输惨了的投资者。

举两个例子。

第一个例子。有一个读者来我的事务所，他投资股票两年半把退休金全部赔光了，家里的电视机坏了，儿子让他买新的，他没钱买。他老婆说，你爸如果投资股票没赔钱就能给你买了。他对我说，你看我这是什么心情?

他这情况虽然是自作自受，但他家庭的阴暗氛围还会持续很长一段时间。

第二个例子。有一家人打算集全家之财力盖一栋住宅。首先，男主人把退休金拿出来，两个新参加工作的儿子除了献出住房公积金以外，还向单位贷款，这三部分资金凑在一起作为买地与盖房子的钱，一家人其乐融融。正当一家人看好中意的地块，两个儿子开始申请住房公积金的时候，当父亲的突然说‘我的退休金已经被我炒黄金输掉了’。大家始料不及，沉默了一阵，全家人一齐嚎啕大哭。一家人彷佛从云端跌到了地狱。

以上这两个例子还都算不得什么，下面这个例子更惨。

有一个人为了交催促的保证金，向黑社会放高利贷的人借钱，最后因利滚利，借款金额庞大到他无法还清的地步，于是他老婆被黑社会卖到东南亚为娼还债，还先她刚出生的婴儿碍事，把婴儿杀掉了。

像这种悲惨的事情我见得多了。

责任在于谁?不用说黑社会固然坏透了，但他家的这个结局，责任最大的人是既不肯学习却一心梦想发大财的男主人。

有价值的东西往往并不起眼

告诉读者真东西，会令读者扫兴，我的本意并非如此。我想让读者了解自己错在哪儿，以便以正确的交易方式为目标。

但你这样直来直去，结果反而令读者扫兴。

我并不是勉强推销自己的观点，讲解对象只限于那些真心想学的人。

前面我说的我朋友学高尔夫球的例子也是这样，一开始是他自己要求别人教他高尔夫球，可是别人把真正的打法教给了他，反而令他兴味索然。

这也许是因为这位先生意识到自己的问题，但不是想着将来如何改变，而是灰心丧气，一味沉浸在后悔的心情中，因而情绪低落。

这话有理。因此，学东西最好从小开始学，大人们嘴上说“要能够听得进别人的忠告”，但总是想反驳。

但是，如果我讲真东西，听的人也照我说的做，即使扫了他本人的兴，对他的家庭来说不也是一件幸福的事情吗？只要家庭幸福不就好了吗？投资股票牵涉到金钱的盈亏，可不是闹着玩的，这与玩高尔夫球光凭趣味还不一样，至少可以让一个一直亏损的父亲，减少了由于无知而造成的亏损。

以上这些内容都很有道理，两位职业炒手表示赞同，建议我的教材可以添加上这些内容，还说我在期货市场上如此冷静，一旦涉及到人就变得这么温情脉脉。看来我也有弱点呀！

不管怎么样，投资者必须提高自己的认识。但在人心浮躁，物欲横流，人人都想成为亿万富翁的当今社会，要想沉下心来，踏踏实实地做，的确是一件很困难的事情。至于我自己，还是要一如既往地向投资者讲真心话、真东西。

真知灼见往往与大众论调背道而驰。

举个例子。本书的开头部分出现过一个人物——一个盲人职业炒手，他的名字叫勾头。我去他那里听过两次课，内容都是在增发新股趁其上涨起来的时候卖股票，所讲的内容很是枯燥。

一般的人会认为增发新股是买股票的好时机，而他却提出应该“卖”（平仓或卖空），与一般人的理解完全不同。

他的观点与证券公司或者股评家的观点正好相反，而且他讲的一些内容也与报纸上的论点相反。

当然，他的观点是正确的。

现在我回想起来，当时我应该不嫌麻烦，即使再困难也应该克服，多去几次大阪，把他的讲座听全了才好，只听了两讲，后面的都没听，到现在有些东西，印象已经很淡薄了，有些内容，由于听得不全也理解不了，现在后悔也没办法补救了，估计他也早已不在人世了。

时光流逝，但他本人在我的脑海里印象还是很鲜明，说话一口大阪口音，我也听不太懂他的有些话，穿着暖色调的衬衫，回答听者的问题干脆利落，虽然双目失明，但性情开朗……

我现在已经67岁了，当然，交易不管多大岁数也没问题，估计咨询服务活动再坚持几年也就是极限了。

等我的公司关门以后，如果可能，我想在我的资料室里定期的为希望听课的投资者讲课，就像那位盲人职业炒手那样，每天开开心心地指导投资者，让投资者不要被证券公司或期货公司的假话所蒙蔽，避免亏大钱，让他们的交易技术得到提高。而且，我希望讲课的场所与证券公司或期货公司无关，是个比较单纯的地方，是免费提供给投资者的。人生最后一段如果能过上这样的生活，对我来说非常圆满了。当然，这是题外话。

闷头自学的害处

要想学会炒期货，一般来说有三种途径：拜高手为师；去专门的学校；自学。

第一种方法，拜师学习。由于是从基础知识开始学习，最可靠，但进度会有点儿慢腾腾的，而且只能学到老师这一派的东西，知识面比较狭窄。很多人炒期货都想尽快赚钱，能够耐心坚持学完的人很少。

第二种方法，专门学校。很遗憾，在日本没有水准比较高的期货学校，虽然有一些水准较高的投资俱乐部，但都不对外开放，外行进不去，另外还有职业炒手的沙龙，一般人也进不去。

面向大众开放的投资学校虽然也有，但程度很低，就像面向公司职员的网球学校一样，教学内容表面花哨，但大多数都不实用。

至于基金公司内部的培训课程一般是6个月到1年，这种培训虽然是面向内行的，但课程的重点是放在投资理论和营运管理方面，而如何成为职业炒手，这方面的内容在基金经理的培训课程中完全没有。最近，有个别基金经理厌倦了机构的运作方式，通过自学变成了职业炒手。

一般的学校，大家都坐在一个教室里一起学习理论，但在技能方面大家的水平参差不齐。教学进度会向水平低的那部分同学靠齐，这样，那些拔尖的学生学习积极性就会受到打击。

在股价狂热疯涨的时候，全民投资股票，日本各地出现很多股票吃茶店、股票研究沙龙等，股市一跌，这些地方都演变成了“斗败的狗互相舔伤口”的地方。

第三种方法，自学。自学只有依赖看书，一般外行几乎都靠自学。自学的方式既有长处也有短处。天才的诞生多半靠自学，但这种人非常罕见，大部分的人自学都只有短处：①比较任性；②偏离了正轨自己还不知道，轻重不分，容易把个人兴趣爱好方面的因素掺杂进来。

总之，大部分新的投资者进步不大甚至原地踏步，都是因为这些原因。

第四章
投资股票的重要事项

培养良好的习惯

投资股票需要运作大量的资金，做得不好的投资者都有一些共同的毛病，就是资料、价格记录等准备工作做得不充分。如果稍加改进马上就会显现出效果的，剩下的事情就是把好习惯坚持下去。

把投资股票与经营一家企业相比，不一定恰当，但如果拿出1亿日元投资股票，相当于成立一家1亿日元的公司。在日本称得上是大企业的公司，一般资本金都在1亿日元以上，从业人员一般在500～1000人，管理、会计部门的人员占总人数的5%，也就是20～50人，会计会把每天的钱款进出记录得清清楚楚。但用1亿日元投资股票的人就相当于把社长、经理、会计等20～50人的工作都一个人兼了。一般的人对待投资股票的态度完全不像对待经营公司那么认真，常常不记录当天的价格波动，这样下来能够盈利才奇怪呢?!

具体来说，要准备哪些东西呢？那就是价格记录本——头寸记录本和资料。赔钱的投资者不重视这些东西，既不准备笔记本，也不喜欢花费力气记录每日价格。懂得投资股票门道的投资者都知道："投资股票必须有记录本，没有价格记录本一切都白搭。"

但那些赔钱的投资者认为"要那玩意儿有什么用，没有也没关系"，所以都不准备笔记本。让他们手工绘制走势图，他们却嫌麻烦，用从书店买来印刷好的、现成的走势图来交差。

（老师）告诉他们（新投资者），还需要准备一个交易记录本。他们回答“都记在脑子里了，不需要”。

总之，为了图省事，他们在投资股票方面不管什么准备工作都能省则省，这样投资股票不管时间多久，都不会有什么好效果的。他们以为，这是花最小的力气来赚钱，这种想法是错误的。花最小的力气固然不错，但该花的力气绝对不能省略。

学会卖出股票

股票不管有多大的浮盈，都只是“纸上富贵”，只有把它卖掉，才算真正把盈利确定了下来。

投资者只有学会了卖股票的方法才能称得上是成功的投资者。

在上涨的行情中通过做多盈利，在下跌的行情中通过卖空盈利。一般的人虽然懂这个道理，但总是偏向于做多，这种习惯需要纠正。

有一种扑克牌游戏叫“抽乌龟”（译者注：开始时一个玩家 A 从另外一个玩家 B 的牌当中随意选择一张，如果抽到的牌和手上的牌有同一数字则可以打出，否则就轮到 B 抽 A 的牌。如此类推，在流程当中不断会有同数字的牌打出，当手中余下的牌越来越少，游戏就越刺激，尤其是拿着乌龟的玩家要使用不同的心理战术吸引其他玩家抽走他手中的乌龟。由于只有乌龟没有一对而没法打出，最后拿着乌龟的就是输家）。哪怕是有生以来头一次玩这种游戏的人也都是想办法让手中的牌越来越少，乌龟早一点儿让别人抽走。不聪明的投资者不管持股多长时间都一直把股票拿在手上，就相当于把乌龟拿在手上总是不舍得让别人抽走。

这是因为面向外行的股票书、投资杂志，或者演讲会都只讲如何买股票、如何选股等，而很少有书讲到怎么卖股票，几乎一本也没有。

投资股票就跟马拉松运动差不多，买进股票只是打响了发令枪、开始跑，卖掉股票才是到达终点。也就是说，卖掉股票才能把盈利真正实现，但是一般的投资者为什么对于确定盈利的技术这么忽视呢？

空仓→持股增加→让持股变成零，投资股票就是反复进行这个过程。务必要学习一下卖出股票的技术。

投资股票成功的必要事项与禁止事项

正确投资活动的必要事项和禁止事项都排除了趣味的因素，换句话说，就是把赚钱当作一项工作来做。虽然有的人辩解说，长年养成的习惯没有办法立刻改掉，但是以我的经验，不管有什么理由，必须立刻改掉老习惯。

最基本的必要事项：

• 准备一个笔记本，如何使用后面详述。

• 要准备价格记录本——头寸记录本、资料、走势图，这三样东西是职业炒手的宝贝。要时时整理，不可懈怠。

• 不要满仓开仓，要留出宽裕的资金。

• 要进行资金的管理，不能乱糟糟，连盈亏也算不出来。

• 即使在空仓的时候，也必须继续记录目标股票每天的价格，不能中断。

• 仓位足够大的时候，必须分批买入。

• 方向不明确，该平仓出场的时候就要适时平仓休息，不要一直持仓。

禁止事项如下：

• 由于周线图的进出场点误差太大，故不要根据周线图开仓。

• 不得使用只有价格坐标、没有时间坐标的图表。

• 主图上除了价格以外，不要画入其他指标。

• 因为笔记本屏幕上的走势图容易失真，原则上建议手工绘制走势图。

• 应该手工绘制走势图，原则上禁止使用书店里买的印刷走势图集。

• 不可阅读报纸上的行情报道和股票的相关公司报道、股票诊断；不可相信股评家推荐的股票，也不可相信证券公司分析师的行情预测。

- 长线交易不要老是打听日内价格波动。
- 原则上禁止用指定价开仓，以免因不成交而错过趋势行情。
- 不得在星期一开新仓。
- 绝对禁止新买没有记录价格的股票。
- 绝对禁止与他人合买股票。
- 不必在意平均股票指数。
- 身体状态不好的时候不得新买股票。

笔记本：

笔记本这样东西在学校里很有用。本来学校的教科书都已经很有系统了，但学生们为了让在课堂上听到的内容更加系统化，记忆得更加牢固，所以都记笔记。

走上社会之后，实际上在从事专业工作时更需要记笔记，但由于没有考试的压力，毕业后的学生往往又不记笔记了。但是，学习期货（股票），我建议大家还是要记笔记。原因是，期货股票技术的提高非常需要依靠个人钻研功夫，报纸杂志和书籍上有用的内容相当的零碎，为了把有用的东西收集起来，笔记本的用处非常大。

股票图书的水平参差不齐，有些是面向水平低的投资者的，水平稍高的股票图书也有各种流派，因此绝对需要一个笔记本。

看不懂的句子、文章可以记在上面，有什么灵感，自己应该怎么做等等，不管什么都可以往笔记本上记，反正笔记不是为了给别人看的，不存在害羞的问题。

尽量买封皮是皮的高级活页笔记本，纸张质量要好。记录的时候只书写纸张的单面，空出另一面，以便装订起来之后容易换页，不可以用铅笔书写。

看不懂的字句搞懂之后可以扔掉，但自己的目标，想学的技术，擅长的技术等等，在休息日要经常复习。

所有交易技术得到大幅度提高的人，都说笔记本非常重要。

请大家务必有效的利用笔记本。

为什么女性基金经理人的交易业绩更优秀

时代在变化，以前由男子从事的职业领域正有越来越多的女性进入。期货、股票行业也是如此。我听说有一家基金的女经理和女性操盘手的业绩相当不错，她们的男同行觉得自愧不如。

其中有一个男的经理辩称："女人在电车上本能地会提防痴汉，因此天生就具备危机管理的能力，因此她们在炒期货时也能够避免大亏。"

"卖"比"买"还要难。投资成果只有通过卖才能确定下来，但大众投资者不学习卖的方法，所以才导致投资成绩差。专家都擅长卖，一般的投资人都喜欢买。

"在咱公司最近女经理的业绩好，是因为她的小气和狡猾。比如说，有的女性在咖啡店喝咖啡的时候，会拿过多的白糖小袋和咖啡伴侣到自己的桌子上；还有的女性在公交车上，见到很狭窄的一个空隙，也会硬把屁股挤进去。这些都是女人才干的事情。"

"林先生在《从菜鸟变专家——几个新职业炒手传记》一书里不是也写道：'男人都比较浪漫。相反，女人却比较现实而且小气。男人致死都抱着看我这一回吧，一定会大赢一把给你们看看！'的梦想，但老虎也有打盹儿的时候，即使是经验丰富的交易大师也会因疏忽而出错，但女性却不然，踏踏实实地积小利成大利。你看，只是因为女性比较精明而已。"

"你说的一点儿不错。但是，你的论据有相当多的地方偷换概念，而且非常情绪化。即使业绩输给女经理，也没有必要耿耿于怀吧。女经理做出了好成绩，你应该这样想，旁边有这样好的榜样，正好可以模仿学习，你掌管的基金业绩也一定会变好。"

光有好东西和好的销售方法还不能保证东西卖得掉

女性真的擅长卖空吗？擅长卖空就等于交易技术好吗？或者感觉敏

锐吗?

几个人从社会学到遗传学,争来争去,争论不出一个结果来,最后累得停止了争论,感觉这样争论下去很无聊。

在沉默中,真正想学好期货的人心想:“且慢,我应该能够学得好期货的,我应该专心思考期货的问题。女性水平高低的问题先搁在一边吧。”

自己要想提高该怎么办才好呢?

先从炒期货、做买卖的基本问题来思考。

普通人和买卖人想法的差别可以这样来表示,买卖人认为:卖得动的东西就是好东西;普通人认为:好东西一定卖得动。

这两种想法哪种正确?我想破脑袋也想不明白。我把它们合并起来:“买卖的好坏由东西和销售方法而决定”。我感到这下触及了问题的本质。

就是说,做买卖,只要把好东西用出色的销售方法来卖,就能够畅销而获得成功。但是,问题又来了,有人会反驳:“好东西如果价格高也卖不掉,好东西如果跟不上潮流也卖不掉。”

东西除了有形的货品还有无形的东西,例如服务业,销售方法还与制造方法有关系,成本是由制造和销售两个方面因素决定的。这样看来,光有好东西和好的销售方法就能卖得好的想法还不是无懈可击,还不够充分。

实际上,有的人对买的东西很讲究,有的人就不怎么不讲究。讲究的人对投资股票的人群来说,就是那些重视选股的人,重视基本面的人。那些认为只要选到一只好股就必能赚钱的外行、赌徒当然不值一提,但有一些股票专家专门重视基本面,他们很重视选股。在股票行情高位、大众疯狂超买的狂热中,他们能够保持比较清醒的头脑,但缺点是遇到庄家介入的股票时,因股价非理性大幅波动,他们的行动有点儿跟不上趟。相反,不讲究的人,主要是一些重视交易技术的技术派人士,他们与基本面一派的优缺点是不是正好相反呢?事情要是这么简单就好了。

预判潮流的感觉

首先谈一谈什么是好东西。

当年,索尼的会长盛田绍夫还在担任公司的专务董事的时候,曾经说过这样的话："一个 MP3 可以卖 3 万日元，但如果精工细作，做到让技术人员满意，成本可能会达到 100 万日元。这样的 MP3 转速均匀，音质优美，东西是非常的好，但由于太贵却根本卖不掉。而卖 3 万日元的 MP3 在技术人员的眼里可能只是一个次品，但商人却不介意次品，商人认为只要卖得掉就是好东西，卖不掉则连饭都吃不上。"

这就是商人与普通人想法不一样的例子。但在实际买卖当中，跟上潮流也非常重要。例如，现在穿和服的人少了，穿木屐的人也少了。桐木花纹的高级木屐平时售价是 5 万日元一双，即使降价到 2000 日元也不可能令其火爆旺销。如果把普通人穿的 1000 日元一双的橡胶拖鞋制成热带鱼花纹的颜色，以 3000 日元一双的价格出售，反而到能够成为流行畅销的拖鞋。从这个例子来看，畅销与否和商品的制造成本无关，与商品价值也无关。

要想挣钱就要销售流行的商品。关于这一点用在交易上，就是不管技术派还是基本面派，交易时机的选择非常重要，懂得时机，就是能够读懂潮流，一切都得围绕着时机。

但光卖现在流行的东西在竞争中并不能胜出，需要有看透将来会流行的能力，但能预判几十年以后的流行，对赚钱并无帮助，能够预判近期的"将来流行"才是天才。这种预判力是一种感觉。

期货、股票的世界容不得夸张

有各种各样的感觉，其中艺术的感觉允许夸张。例如，毕加索的画，在毕加索的有些画中，人有三只眼睛，鼻子也长在奇怪的地方，据说这叫艺术夸张。在艺术感觉上来说夸张是允许的。

但在商业当中是容不得夸张的感觉。例如，股市快速上涨的"疯牛"，房地产价格暴涨，这些就是夸张感觉的表现。夸张＝投机气氛严重、非理性成分过高。用极端的感觉进行交易一开始就不会顺利，即使一开始顺利也不会持久，早晚会失败。商业的感觉必须局限于正常的经济活动范围内，而期货、股票也是经济活动的一部分，期货、股票的交易感觉也不能有悖于常识。

至于卖的方法，每个人的各不相同，水平有高有低，这中间存在着技术。这种技术与体育运动的技术有所不同，运动员若想成为奥林匹克冠军，必须对运动技术加以艰苦卓绝的磨炼，但交易技术不同，任何人只要努力都可能成为高手。

学习交易技术虽然不需要像学习运动技术那样艰苦练习，也不需要像艺术家那样具备超凡的创造性，但耐心，持之以恒，一点一点地把交易技术积累起来，则是必须的。

头脑中没有概念的人令人头痛

技术水平的高低由什么决定？它与年龄、学历、地位、性别无关，而是仅仅看有没有找到“感觉”。交易技术也是如此。每当我这样说就会招来热衷于选股的人的猛烈反驳，他们认为只要选到一只好股票，谁都能够赚钱，完全不需要什么技术。

他们之所以反驳，是因为他们完全没有交易技术的概念，他们认为只要猜中股票的涨跌就能赚钱。对于这样的人我很困惑，如何才能说得令他们明白？

从来没听过音乐的人，对他们来说是不存在音乐的；没观赏过绘画的人，绘画是不存在的。总之，对不理解的人来说，艺术是不存在的，学问也是不存在的。

要与一个人讨论世上是否存在幽灵，首先对方得听说过幽灵，不然根本讨论不起来。

从来没有见过下大雪的人，你要对他描述雪是怎么一个样子，他无论如何是想象不出来的；从来没有见过海洋的人，你说海是什么样的，他也想象不出来；从来没有见过沙漠的人，你跟他说沙漠是什么样的，他也是想象不出来的。

最困难的事情莫过于告诉一个“没有”概念的人的“有”。

关于这种“无”，投资者最显著。例如，一般的投资者头脑中皆无“卖”的概念。股票书、投资杂志、演讲会、报纸说的都是股票买入时机和买入品种，关于卖的问题无人讨论。投资股票，“买”只是开始，“卖”才是终点。到了终点才能获得成果，对于最重要的获利方法却无人讨论，这些只介绍“买”的文章，不仅片面且毫无用处。

况且，一说到“融券卖空”，听者就会问“没有持股怎么卖?”，说这话的还是二级市场上市公司的董事呢，他对持股怎么卖掉都搞不清楚，何况卖空股票呢?

“没有概念”更想不到不学习

有两个“没有概念”的例子。

第一个例子。

有一个在证券公司工作了10年以上的人也没有“卖”的概念。

宫崎肇在《期权的基础》第七章写道：

每当我持有卖空头寸，公司里的上司K先生就会显得不高兴。开始我以为我和他之间只是对行情的看法不一样，但他喋喋不休的抱怨太烦人了，我忍耐不住终于大声说：“公司（上司）不正确理解股市，我明明为了公司做正确的交易，但却被否定。简直愚蠢！没法定下心来做交易，我不干了!”

当时我一怒之下离开了公司。过了几天，在一次股票行业的定期聚会上，遇到了该公司接替我的人，他问我：“宫崎先生，那天你是如何跟K先生解释卖空头寸的?”

我这时才明白，原来K先生（原来的上司）不懂卖空头寸，没有卖空头寸的概念，所以才以为我在做违反公司规矩的事情。

第二个例子。

我开户的证券公司一个熟悉的业务员换掉之后，新的业务员什么也不懂，我信用卖空的股票快要到期了，需要换月，开新空。

我对业务员说：“明早帮我下一个Cross Trade的交易指令。不明白?就是同时发出买和卖的指令。卖，用信用交易开新空。买，买一些现货股票，交割到期的信用卖空的股票，以达到平仓的目的。”

业务员说："这是违法的。"

"不是违法。不信你去问大藏省。"

"是吗？即使不是违法也是逃税。"

"你是不愿意让盈利的金额被征收20%的税，所以才选择只须交1%税金的平仓方法吧？你说那是合理避税，但我问了一下后台的人，他回答这样做有可能被人检举揭发。"（译者注：当时在日本股票空单平仓时征收20%的税，多单（买的股票）在不同的证券公司买的股票需要算出平均价作为买价，由于不好计算，就按卖出价格的5%视为盈利，征收20%的税，例如以1000日元的价格卖掉1000股股票，获得100万日元，那么100万日元的5%视为盈利，对盈利征收20%税（5%×20%=1%），也就是多单对卖得的金额要征收1%的税）。

"你对业务部的人说，还号称是证券公司的人呢，怎么这么不学无术。哪里是逃税？连省税也算不上。按理说你们作为证券公司的人，应该比顾客熟悉业务，什么也不懂，到底是怎么回事！"

这两个例子都说明，对原本头脑中根本没有某个概念的人，要讲清楚那个概念是多么费劲。

你小子不可能盈利

在做买卖的世界里必须诚信、踏实，艺术世界里的夸张是行不通的。期货、股票的世界里也是一样，都是在常识范围内的东西。就是说，"盘感"和交易技术也不是什么神秘的东西，而是一些及其普通的常识范围内的东西。但投资者为何对"盘感"和交易技术毫无兴趣，却热衷于找寻一些枝叶末节的东西？

在做买卖的时候，大家马上就会想到"卖"，但在股票投资或炒期货的时候，投资者为何把"卖"忘得一干二净。

"这个市场不是只有你小子一个人在炒期货，你在考虑做多的时候别人可能正在考虑做空！"

这是某个职业炒手对一个新手的当头棒喝。

“这样做下去，你小子不可能挣到钱。”

后者在职业炒手的提醒下，渐渐地变得比较客观地看待市场，其表现就是不再动不动预测行情。

预测行情的人在潜意识当中有这样的想法：“我是世界上最聪明的人，未来行情怎么走我都知道，世界上除我之外其他人都是傻瓜。”

所以他才会预测行情，在讨论会中前辈才会忍不住对他棒喝：“这个市场不是只有你小子一个人在炒期货！”

无法解释清楚的事情

顺便把另一句粗话也介绍一下吧。在一次讨论会上，有一个人对他的徒弟说：“你这样，就像学游泳不跳进水里，还能游出什么东西来？”

这句话的意思就是，理论若不与实践相伴是没有意义的，不要光在那儿研究，要多实践。但实际上，一个劲地钻研理论，不尝试理解现实的人实在是太多。

很久以前，我给《投资日报》执笔写一个名叫“行情浮世”的专栏。我在一篇文章中写了一则小故事，忘年会上，有几个职业炒手带有自嘲和开玩笑的心情唱了一首歌，其中有一句歌词是这样的，“当初真不该买，而应该卖。”

有一个读者读了这篇文章后，来信问我：“歌词中说应该卖指的是信用卖空吗？那么买也应该是信用买入？仔细想想，卖应该指的是买股票失败止损吗？”

歌词中的“卖”，当然是看错行情，认为行情会上涨而买股票，实际却下跌了。但是，这位读者这样问，显然头脑中没有下跌行情可以通过卖空挣钱的概念，我不知道如何向他解释，简直是走投无路了。

在《格言集》里有一句话：“不想买的话就卖。”对此，也有读者打电话来问：“没有持股怎么卖？”

其实，《格言集》里这句话的意思是，如果对买某只股票有不安，应该尝试卖空。可见，这个读者也不懂什么叫卖空。

那次忘年会后，几个人借下新宿某个大厦的一个豪华包间，就卖空的问题展开了激烈的讨论，聚会一直持续到第二天早上头班电车才结束（参加者都是职业炒手，姑且称为甲、乙、丙）。

甲："我看空小豆和股票，但我对聚集在证券公司大厅的人讲卖空，大家都听不懂。

自认为脑子好的小子，你，你有什么好办法？如果换作你，你怎么向他们解释？"

乙："我也没办法。例如，你告诉从没听过竖笛演奏的人竖笛的声音是这样的，你一定没办法讲清楚。道理是一样的。如果硬要形容，只能说那声音很像双簧管，也只能形容到这个程度了。"

甲："不像远处的狼嚎声。"

古往今来，人类的行为没有什么进步

乙："不可以靠猜交易。价格像波浪一样运动，需要分批开仓以踏上波浪，但对没有这种想法的人，你能对他讲得清楚吗？"

甲："那是股评家的工作。事实上，有一个股评家写了一本书，说的是分批开仓、摊平的技术，最早是出现在美国的华尔街，因为华尔街是一个非常封闭的场所，分批开仓、摊平的技术就在那里自然而然地产生了。"

乙："那个骗人的股评家的话你也相信？在日本的江户时代就有分批开仓的技术了。"

甲："这些年代久远的历史真相在这里讨论没什么意义，在坐的都认可分批开仓是期货交易技术的基础，问题是如何才能证明，如果分批开仓了，就一定不是赌博式的交易？"

乙："没有必要证明。根据经验感觉需要进行分批开仓，就这么简单。"

甲："智商低的人才会这么说。不把事情证明清楚就不能成为定理，证明了的东西，才是学问。"

丙："除了价格，再考虑时间的因素，必然会想到分批开仓。关于资金分批投资技术的起源有一种说法是，在1600年，英国有一家叫东印度公司的海外贸易公司，进行远东贸易的船队路途遥远，危险重重，因此把货物分装在两条船上。还有一种说法是，骆驼商队运货，把货物分两支骆驼队，错开出发的日期运输。这两种说法都不正确，早在古埃及的克罗欧巴特拉女王的朝代，人们就是将货物分批运输的。古往今来，人类的想法和做法几乎没有什么进步和变化。在印加遗迹中，挖掘出来的一个头盖骨上有一个四角形的伤口，这是死者生前进行过外科手术并治愈了的痕迹。我们在这里一个劲地就期货技术的起源争论不休，没什么意义，既然我们知道分批开仓的技术是存在的，不如讨论这种技术本身。”

交易结果好坏，由个人技术决定，而非知识或理论

乙：“但是我认为今人的技术比古代有进步。我不知道印加帝国时代的人是否会脑外科手术，但在期货方面，比如说卖空的想法和方法，就是美国的雅科夫·利特尔于1835年发明的。从此，卖空的概念和方法与以往完全不同了。”

“当然，日本更早发明了卖空技术，日本的交易技术应该更先进。”

甲：“著名的荷兰郁金香投机泡沫破裂是在1636年，当时的交易方法就是现在的期权。刚才提到的东印度公司的设立应该是在1602年，但埃及和希腊在古代数学和商业就很发达，我猜这两个国家在古代应该也有类似期权的交易方式。”

乙：“但在古代没有电脑，事实上，出现电脑以后又出现了基金，导致投资理论有了一个很大的发展。可以想象，也出现了采用先进的交易理论的职业炒手。”

“以打高尔夫球这一行为例，以前职业的高尔夫球手一般出身于球童，但是，现在有来自大学的用理论武装起来的职业球手。”

甲：“你又说你那一套东西，那么大学出身的高尔夫球手与球童出身的球手干的事情有什么不同？绿色的草坪、圆的高尔夫球、长长的高尔夫球杆，这一切完全没有变化吧？”

乙："技术方面也许有一些变化。"

甲："我认为不会有什么不同。挥杆和击球的方式都没有什么变化。刚才谁提到埃及艳后克罗巴特拉的人怎么来着的？古代的男男女女从一见钟情、坠入爱河，到热恋，到厌倦乃至分手，这一系列过程与今人有什么区别？人的行为从古至今没什么变化，期货的本质也没什么变化，因为这些都是由个人的技能而定的。"

丙："你俩净谈一些理论问题，还是谈些实际的吧。切入波段的技术，具体怎么操作？讲详细一点儿。"

甲："你这个爱凑热闹的家伙一边儿待着去，哪儿都有你的事！高深的东西下次再谈。"

缺失核心的东西

再给大家讲一个投资者头脑中没有某种概念的故事。

有一天一个职业炒手到我事务所来访问，他给我讲了一个叫作船货崇拜的故事。

"这个故事很有趣，你是从哪里听到的？因为这不像你的脑袋瓜能想得出来的东西。"

"不是听来的，是在一本书上读到的。这是一个诺贝尔物理学奖获得者写的，他的这个故事对一般投资者错误观念恰好就是一个强烈的讽刺，书的名字叫《开玩笑吧》，作者名叫理查德·费曼，以下片段摘自该书：

南洋某些岛国由于与世隔绝，居民总是盼着货船的到访。久而久之，对货船本身也产生了一种崇拜之情。

在第二次世界大战当中的某一天，南洋的小岛上飞来很多军用飞机，由带头盔的地航指引下着落，卸下来很多漂亮的物资。岛上的原住民都看在眼里，飞机飞走之后，为了希望美军的军用飞机再来，专门给飞机建跑道，在跑道两侧点起篝火，盖上了小木屋，还专门安排了一个人，头戴试话机，模仿飞机的引航员，坐在小木屋当中，一心等待着飞机飞来。原住居民做的这些准备工作，在形式上与美军很相似，然而完全没有效果，无论怎么抬头望天、眼巴巴地等待，期待的飞机再也没有飞回来。

原住居民所做的这一切我称之为伪科学。伪科学看上去在形式上完全没什么问题，但就像南洋孤岛上久等飞机也一直飞不来一样，伪科学缺失了最本质的核心东西，挂羊头卖狗肉。缺失核心东西的伪科学，不仅只在孤陋寡闻的南洋岛居民当中有市场，就是在我们的社会中也有很多人信奉它。

过家家？这也太尖刻了

职业炒手用怜悯的口吻说："散户的交易也像岛上的原住居民那样，欠缺真东西，就像小孩过家家。第一，理论幼稚；第二，走势图不齐全；第三，分析不全面；第四，涨跌观点一边倒，等等。都像是在消遣。所以，散户的投资就像小孩过家家。

"坦率地说，看一看股票投资工具就与职业炒手用的不同，外行的价格记录本和走势图等，就像小孩的玩具一样做得一点儿也不讲究。既然不讲究，那么钱用假币即可，输了也不可怕。但外行却偏偏用真钱交易，那是不可能赢钱的。真的是本末倒置，愚不可及。"

他这样的指责太直率了，听者接受不了，容易引来反感情绪，最终的结果就是，说者、听者的人格都会受到伤害。这样说无法传达其本意，应该讲得稍微明白一点儿。

我玩高尔夫球是为了消除焦虑，因此，别人若说我打高尔夫球就像小孩在过家家，我也不会生气。但若说散户投资者的股票投资是小孩过家家，投资者本人完全不这么认为，即使其走的道路不对，但他本人毕竟在努力，因此说其投资是过家家，必会招致其激烈的反驳。

《专家教你投资股票》的作者板垣在去美国的时候，把他的徒弟 A 托付给我。一开始，A 对我说："林先生的教育方法是结合具体的例子加以说明，因此容易听懂。"

我回答："这是因为你以前的所谓投资股票只是在过家家。"

他生气了，有 6 个月没到我这里来提问题。

有的职业炒手劝我："不值得跟这样的人生气，你只教明白人就行了。"

但我发现，即使对于某些有学习愿望的人，若说他的投资股票是在过家家，也是过于尖刻的指责，效果不一定好。

性能是关键

从南洋某岛居民事例中可以觉悟出：

（1）投资股票工具，外形不重要，性能才是关键。

（2）缺失核心东西，一切皆无意义。真东西不在于量，而在于质。

（3）行动和想法要以真东西为本。

（4）真东西唯有从事实际操作的人才能理解并严格执行。

拿打高尔夫球来说，看录像里选手们漂亮的击球，如果没有打高尔夫球的基础，即使模仿得再像，也只是形似，而接近不了本质。

散户投资者实际操作中都是本末倒置，究竟是怎么回事？

伪科学无效，但板垣却说："若能使用性能良好的工具，模仿正确的方法，就能接近本质。"

毫无趣味的基础恰恰是最重要的东西

板垣在前往美国时，把他的徒弟 A 托付给我教育。

我对 A 说："所有的交易必须限定品种。再有，不管做什么品种，用什么方法做，必须做好每天的价格记录。你对价格变动的感觉与听音乐的乐感相似，不掌握这种感觉，你做什么品种也白搭。虽然有些人买股票是作为消遣玩玩，不需要培养这种感觉，但真的想学会交易的人，必须通过记录价格来培养变动的感觉，不可跳过这个过程。"

A 反驳："我当兜町支店长的时候，下班后经常与一些证券公司社长们出去喝酒，一次也没听他们说起价格记录和变动的感觉这回事。我现在订阅很多投资期刊、杂志、报纸，从未读到谈论变动的感觉和价格记录问题的文章。”

……

对没有虚心受教态度的人，你教他具体的东西几乎都是白费力气。

有些料理学校，主要是面向家庭主妇和公司职员的，教学内容程度比较低，但如果去职业厨师学校看一看，那里一开始都学一些什么东西呢？估计一开始也是学一些基础性的东西，例如磨刀，在职业厨师学校，光是磨刀天天练就要练一个月，还有切菜的功夫，把萝卜切成均匀的 1 毫米厚的薄片，也要练一个月……

总之，职业厨师学校的学习内容毫无趣味可言，但学生牢牢地打好了最重要的基础，凭着在学校打下的基本功，将来才能做出好的料理。

如果在面向社会的普通料理学校也安排这样的课程（磨一个月刀、切一个月萝卜），学员会有什么反应呢？毫无疑问，学员会这样说：“我付学费到这里来，不是为了来学磨刀和切萝卜的，我是来学料理制作方法的。”

……

期货学习也是遇到完全一样的情况，如果教外行投资者正确的学习方法，会受到学员猛烈的反抗。

“我没让你教我那些，我是来学习期货的。”

我无言以对。

各种各样的本末倒置

家用的菜刀是绝对做不出生鱼片的，但如果借到专业厨师用的刀，小心翼翼的话，勉强能够做出生鱼片，说明具备好的工具也是很重要的。

炒期货也是如此。使用职业炒手用的价格记录本，模仿着做，也能够做出比较像样的交易来。

学料理是一种消遣和乐趣，一般的料理学校是为了让家庭主妇能够更好地打发时间。她们不是为了当专业厨师，所以抽掉了课程里最重要的本质的东西。重要的东西没有了，其他的都是白费。

每个人的技术都不一样，技术需要反复积累。技术很难成为理论研究的对象，也容易招人误解，因此很少有书对技术做一个明确的论述。技术也不像艺术那样需要创造性。

期货交易是一种经济行为，有点儿像做买卖一样，“卖”很重要。卖的观念也很难被人理解，一般的投资者对“卖”很不重视。这些都是本末倒置。

骗人的理论是站不住脚的

奥林匹克游泳选手说：“我在水中拼命划水，只有在水里才能知道什么角度最好，不在水里就不会知道。”

划水不在水里是不行的，这属于个人技术方面的东西，从古至今都没有什么变化。这个划水的动作为什么是这样呢？这种动作就比那种动作好，从力学上是无法解释的。

理查德·费曼说过以下的话：

“对所谓的‘科学的’教育方法教出来的学生做了一个测试，考试的结果显示，‘科学’班学生的成绩不仅不高，而且比普通班的成绩还低，说明这种教学法并不科学，是伪科学。”

股票、期货、外汇交易者使用的指标也类似于伪科学，因为指标并不是价格波动的原因，而是价格波动的结果。

费曼说过，真科学需要有不骗人的诚实度。交易能力不适合作为科学研究的对象，就像只有在水中才能学会游泳一样，纸上谈兵式的研究绝不能令交易获利。交易要想盈利，必须反复进行实际操作与波段交易。

职业炒手们说的赛马和扔骰子存在着非赌博的玩法，那是因为里面含有技术因素，如果抽掉了技术因素，那就变成了骗人的假理论。

仿佛在别的世界

“无”是怎么回事?“无”的话会怎么样?

发生在我身上的事例说明，对方说的话仿佛是另一个世界里居民说的，根本就听不懂。

在1970年的时候，我根本不知道股票的卖空仓位，而我的合作伙伴已经习以为常了。当时我获得加拿大西部不列颠·哥伦比亚州州政府的一个项目，可以在那里连续两年栽培红小豆。这个项目是温哥华三世证券公司的胁田先生介绍的，为此，我几次往返温哥华。在那段时间我经常与温哥华三世证券公司的社长、秘书、董事、职员谈话，谈话的中心内容主要是股票交易。一开始，我听他们经常说到的一个词:“卖空方法”，茫然不知其意。那时候，卖空在我脑袋里是根本不存在的方法，由于听不懂大家说话的意思，我常常陷入思考停顿的状态。

现在我知道股票的仓位在日本有三种，在国外有四种:①买入股票;②卖空股票;③信用买入股票(需保证金);④信用卖空股票(需保证金)。因为我头脑中没有卖空股票的概念，所以听不懂他们的对话。

一开始我以为他们的股票术语用错了，或者这个词的难度超过了我的英语理解能力，或者因为他们不是专业股票投资者，就像日本的股票新手一样，不懂得“卖空”这个词的含义。

但在回国的飞机上我意识到，由于自己出生、成长在股票落后的日本，没有股票卖空的概念。我羞愧得无地自容。

日本为什么会变成股市落后的国家

期权分看涨期权的卖空和做多，看跌期权的卖空和做多，共四种方式。同样，股票也分买多股票和卖空股票，以及信用买股票和信用卖股票等四种方式。但是，在日本，股票一谈到卖，那就必须是手上有持股才能卖，这个卖就是指的把买进的股票平仓卖掉。而新开仓股票的卖空头寸是做不到的，因此在日本持有头寸只有三种方式，这跟发达的欧美股市形成明显的差距，我的思维也仅限于日本国内的股市状况之中。

我再解释一下前面的四种仓位：

第一种：用自己的资金或借来的资金来买入股票持股。

第二种：有一种借贷股票的市场，也就是借贷股票的制度存在。在哪个市场中把股票借过来就在哪个市场把股票卖出去。

第三种：通过开设股票的保证金账户，通过保证金的杠杆做多股票。

第四种：也是通过股票的保证金账户卖空股票。

其中第二种由于没有借贷股票的市场或制度，所以在日本第二种方法是无法实行的。

从 1970 年到现在过去了 20 年，外国的证券公司也可以在日本设立它们的分支机构，借贷股票在某种程度上已经成为可能，但这个服务对象只针对公司的法人，散户依然是不可能的。外国的对冲基金在日本国外股票的借贷市场中借到股票，然后到日本的股票市场中开出卖空头寸，比如在 1992 年 4—7 月，外国的对冲基金卖空日本的银行股和“建设股”等，他们在日本的股票市场中通过大举做空，大幅度的盈利。

日本股票界的首脑人物说，这种行为破坏了日本的股票市场，同时谴责外国的对冲基金，也斥责借给外国对冲基金股票的保险公司等，说他们的行为是对敌人有利的行为。他们这些言论正好证明了日本的证券交易属于未开发的国家，正好证明了日本证券交易制度的落后。

当务之急是马上建立股票的借贷市场，目的是为了让市场的交易更加自由，价格波动更加圆滑，波动更加平顺。

我手里有一本艾尔·贝鲁比鲁写的书，叫《商品投机》，里面有一段话：“职业的投机技术是几百年前在日本发明的，而这种技术在美国发展到了最高境界。卖空思路和方法的产生以及实际在期货市场上的操作，日本比美国早 100 多年就开始了。”

权利行使在期权里不是赌博，在“合百”（译注：合百＝猜测第二天价格的高低）里就是赌博。日本的“合百”比期权的发明早得多，具有悠久历史和传统的日本交易理论、交易哲学、交易手法，到了现在都跑到哪里去了？真是不可思议。

文化冲击

总之，在日本不能“裸卖空”，即不能在没有借入股票而直接在市场上卖出根本不存在的股票，因此，在我的头脑中也完全没有这种概念，才发生了前面说的那种一生想忘也忘不掉的文化冲击。然而，如果当时我只把听到的他们说的卖空头寸当作耳旁风，左耳进右耳出的话，就不会发生文化冲击。股票也好，期货也好，一般投资者头脑当中没有卖空的概念，也没有卖空的技术，大家即使听到卖空这个词也不会引起重视，无论何时也不会发生文化冲击，因此也不会有进步。这种听到也不重视的现象还会发生下面的情况，比如说有很多投资者经常阅读有关股票的报纸和股评家的书，但是这些介绍股票的报纸也没有写卖空的事情，连一行字都没有，而对此抱有疑问的人也几乎没有。

有一次我和一位股票报纸上的评论家一起吃饭，我和他进行了一番对话。我说：“现在正逢下跌的行情，你那个评论是否可以写，你提到的那只股票下一次出现是利空的业绩，业绩不好，应该对卖空有利，你是不是应该发表一些这样的观点。”这个股评家说：“完全错了。林先生你不知道报纸对股票的影响有多大，如果要是这样写可能第二天开始连续跌停板。”我说：“你有点儿骄傲自大，你对行情无知到如此地步简直令我目瞪口呆。从最初下跌开始已经持续了 3 年，你们那个报纸每天都写买入这个、买入那个，你们那个报纸简直是百发百错。如果你们写某某股票卖空，应该全日本的投资者都会反过来做多，那样做多的指令一起集中杀过来，不是应该连续涨停板吗，怎么会跌停板呢？”

且不提我这样强烈的讽刺能否令他发热的头脑清醒一点儿，总之股评家和记者等都完全无视股票的基本面，否定所有的技术分析，只是一个劲地想买入股票。对于他们这些股评文章都不抱有任何疑问的日本投资者，我只能说大家的思路都是偏向一边倒的思路。

第五章
技法的产生

变色走势图

很多年以前，我收集顶部和底部的价格波动形态，与同行反复讨论研究哪种走势图比较好用，讨论的目的是为了验证“中源线交易法”和创造新的交易法。大家讨论来讨论去只得出了“信号必须明确，才容易进行交易”这么一个简单的结论，并没有深入涉及交易技术。

但去年，我与一家外资银行的基金经理以及他的朋友一名美国交易员，就交易技术和走势图等问题进行了几次讨论，中途又有一个人对我们的讨论感兴趣参加了进来，此人花了几十万日元买了一套《股票、期货必胜秘法》的书，他把这套书带到我的事务所来，因为他的到来，使得大家讨论的兴致更高。从讨论这本书开始，变为讨论交易技术的产生——是不是因为变色走势图的发明而导致的呢？

“林先生，你听说过变色走势图吗？”

“你说的是绩优股的走势图吗？”

“不是。也叫浅色走势图。名称不重要，主要是内容。”

这种走势图有多种叫法，主要是看涨（或持有多单）的时候走势图 K 线是暖色，看跌（或持有空单）的时候走势图的 K 线是冷色。

恶魔的嘲笑

首先，这种走势图的画法。

绘图者看涨，走势曲线用红色；绘图者看跌，走势曲线用黑色。于是，会出现非常可怕的情况。行情上涨的时候走势曲线一直是黑色的，行情下跌的时候走势曲线却一直是红色的。就是说，自己的行情看法以及持仓一直是错误的，只有少数时候是正确的，表现在图纸上一目了然，简直没有推诿辩解的余地。绘图者因害臊简直想挖个地洞钻进去。

美国人笑道："就像恶魔在嘲笑说，'看，这就是你自己'。"

走势曲线的涂色不可以在第二天行情走出来之后涂，必须在当天涂（认为次日上涨涂红，反之涂黑）。为了不影响判断，因此不能看前一天的颜色，必须在涂色时把前一天的颜色走势曲线遮挡住，让自己看不到，或者委托其他人帮自己涂色也行，涂完之后就不能再改颜色，这一点必须遵守。

从这种变色走势图中我们能够学到很多东西：

（1）猜对行情有多么困难。

（2）尽量拖延、逃避，不敢直视严酷的市场。

（3）堕落为预测的智力游戏。

（4）了解投资业界的潜规则。

（5）换一个角度来重新思考顺势操作、逆势操作的问题。

（6）获利的方法。

夸张一点儿说，变色走势图简直就是一部技术教科书。

猜测行情涨跌的困难

首先，关于猜测行情涨跌的困难。

有一种叫作"双均线"的移动平均线组合，当短期均线上穿长期均线，称为金叉，看多；当短期均线下穿长期均线，称为死叉，看空。

移动平均线金叉之后，用红色画，死叉之后，用黑色画。一目了然，这么准，令人惊讶。

但走势曲线也用红、黑画，常常与实际涨跌背离，这太令人惊讶了。就是说，当短期均线上穿长期均线时，价格已经相当高了，因此走势线画成红色之后，接下来却立刻下跌了。而当短期均线下穿长期均线时，价格已经很低了，走势线画成黑色之后却很快上涨了。

但是，像期货这种有几个月趋势、涨跌周期明确的行情，短期的“双均线系统”（例如 2 日对 6 日的组合）有一定的准确性，因而有一定的实用性。这一点就像《从菜鸟变成职业炒手人物列传》一书中所写的那样，也有一些人喜欢使用“双均线系统”。

住之江佐一郎・冈本博写的《股票 K 线分析》一书里，描述了应用“双均线系统”进行实际交易的验证，拿来举例的正是本应该出最佳成绩的一段期间，但扣除了交易手续费，计算的结果表明，该系统还是亏钱的。

完全靠不住的几个经验法则

经验法则一：

有一个指标经常出现在股票报纸上，就连专供基金经理的专业报纸上也经常刊登这个指标，那就是心理线指标。

$$心理线数值=\frac{N 日内的上涨天数}{N}\times 100\%$$

假如 10 天中有 2 天上涨，8 天下跌，心理线数值＝20％，属于超卖状态，应该考虑做多。

但是，这个指标有一个问题，忽略了上涨下跌的幅度，因为上涨幅度大的时期是上涨行情，下跌幅度大的时期是下跌行情，只讨论涨跌天数不考虑幅度是不行的。

经验法则二：

低级的翻译错误。

Technicals 指标翻译成“技术指标”。人的能力才称为技术，Technical 应该是价格分析的意思，翻译成“技术”不妥。

经验法则三：

几个骗人的经验法则：“跳空缺口一定会被价格填补。”比如说日线级别的跳空高开，那么一般来说接下来几天价格一定会下跌，填补掉这个跳空缺口。

真的是这样吗？有一个投资者统计了主要的 8 种商品 15 年的日线，经过验证，发现价格回落填补掉跳空缺口的仅占所有跳空缺口的 4.6%。也就是说，100 个跳空的例子当中仅仅不到 5 例才填补掉缺口，这叫什么法则？简直是骗人不打草稿！

其他类似的谎言还有：回调的幅度是上涨幅度的三分之一；反弹高度是下跌幅度的二分之一，等等。

1992 年 8 月 21 日，股票市场非常热闹，根据“第 10 根新价格转阳”，证券公司十几次宣告股价要触底回升了，但全部失灵。

日本股市从 1990 年开始进入下跌行情，出现了无数经验法则，但一个也不准确。

大盘股 NTT 已经下跌到原来的三分之一价位了，股价应该快要止跌，但 NTT 股票之后又毫无抵抗地下跌了一半。

既然被称为经验法则，应该有一定的猜中概率，但一次也猜不中谈何经验法则。

这个市场究竟是怎么了？全是谎言啊！

是否置身于严酷的环境当中

关于投资者的以下心理：

“移开视线，以避开市场的严酷光线。”或“设法从输钱的屈辱感中逃离出来。”

“不喜欢被逼到山穷水尽之地，即使解释，也喜欢用比较柔和的形式表现。”

我要说明一下，蜡烛线相比于折线，是一种比较柔和的表现形式。

还有移动平均线，它是根据价格波动进行计算加工，重新排列，它已经游离于实际的价格波动，没有激烈地指责当事者，而是柔和包容，甚至让看的人产生一种安心感。

像这种农耕民族特有的“糊里糊涂、不求甚解”的性格，本来是不适合炒期货的，特别是像期权，这种权利和义务分得清清楚楚的交易，更是不适合。因此，日本的投资者不管股票投资也好，炒期货也好，胜率（盈利的人数和金额）是世界上最低的，这不仅是因为日本的证券公司、期货公司的愚民政策所造成的，是否还有民族学方面的原因，我不了解，这里就不讨论了。

总之，投资者自己既没什么主意，又不喜欢讨论，不喜欢把自己置身于严酷的条件下分析自己的交易行为。

据说变色走势图可以说是交易水平是否提高的试验纸，因为变色走势图能够如实地把交易者的想法反映在图上，不留情面、真实地反映交易者的对错。只有虚心接受变色走势图的客观评价，交易者的交易水平才能得到大幅提高。

很多收费的股票信息只考虑卖钱，质量低劣

变色走势图让我们发现的第三个问题，即有些人干的事实际上已经堕落成预测的智力游戏。

当一个人从自我臆想的状态中解脱出来的时候是什么样子？现象之一就是不再常提“预测”两字。常常听见有人说“我这个消息只告诉你一个人，你可谁也不要告诉”。如果换成是我，有这么好的消息，首先就告诉家人、亲戚和亲近的人，趁这消息还没扩散赶快先大赚一把，但他连亲兄弟也不告诉，显然他自己也不相信这个消息。一般来说，这样的消息的确大多数是无效的，但偶尔也会冒出一两个真能令人发大财的消息，令当初不相信此消息的人后悔不已。世界上的事情就是这么荒唐。当然，我写这

样荒唐的事情是很庸俗的，因为我深知，像我这样点背的人是没有福气获得这样好消息的，这是一种吃不到葡萄嫌葡萄酸的妒忌心理在作怪。

言归正传，我所说的堕落成智力游戏的问题还不是消息问题。

股票界业内人士都知道，当根据基本面分析、技术分析等各种手段，分析的一致结果显示行情看多，实际上价格已经快到顶部了。

市场中多空双方经过一天的交战，收盘于某个价格，说明了什么？说明了不同观点的预测平衡于这个价格，说明了看涨的人的看法有偏差。

各种交易法都有其短处，由于人的心理柔弱，总想设法弥补单一交易法的缺点。各种交易法的发明者为了迎合初级投资者担心的心理，总是有意无意地增加指标的数量，美其名曰“做多指标综合共振”。

增加指标，看上去使交易法的精度提高，容易被初级投资者接受，但实际上变得中看不中用。

很多收费的股票、期货信息质量很差，为了好卖、多卖，根本不顾信息质量下降。这就是商业化的堕落，这样的例子有很多。

有一个负责报纸股票专栏的编辑，经过苦心研究，发现了一种强弱转换线，可以判断股价的涨跌。他想到如果把这个方法免费卖给大家就太可惜了，于是决定保密，自己用这个方法进行交易，结果每开仓必亏损，最终，钱全部输光。于是，这位编辑把自己用这个方法交易不断输钱的事情作为一个秘密藏在心中，谁也不告诉，却把这个方法写成书出版，对大众公开。

但是，一开始执笔写书就一发不可收拾，因为他又不断地添加进各种素材（译注：素材＝成交量、持仓量等价格以外的数据，或根据价格算出的数据，如25日移动平均线等）来完善这个方法，最后发展成一个由无数素材组合而成的方法，名曰强弱转换线，共出版了八本书。素材多，好还是不好？

这要分两方面看：

（1）素材越多，概率越低。看一下扔骰子就知道，只有1个骰子，扔出1点的概率是1/6；2个骰子，扔出1点的概率是1/36；骰子越多，扔出1点的概率越低。

（2）素材越多，感兴趣的人越多。如果单单只有一个素材，喜欢的人非常有限，但如果素材变多，喜欢的人数迅速扩大。例如，相比于单纯的日线图，配有移动平均线组合的图表令读者（爱好者）人数爆增，如果再加上统计性指标和天数指标，感兴趣的人会更多。

所以，一方面为了让书卖得更好，另一方面也是为了缓和自己的不安，这一点对他本人很重要，因为他有点儿歉疚——卖的是一个有缺陷的交易法（自己也不能盈利）。因此，他才不断地增加素材。

有的人认为，这位编辑从一个独立研究者变成了一个商人。我认为他的情况本质上是堕落成智力游戏：添加指标看上去是智商很高的作业，实际上完全无用，仅仅是一种信息加工的游戏而已。

这位编辑亏了钱，认识到自己不是投资股票的料，转而考虑通过写书欺骗投资者来赚钱。但他贫弱的智商所能想出来的交易法，只是一个中看不中用的方法。把前人发明的东西拿来改头换面，实际上换汤不换药。说其添加指标是智商很高的游戏，实际上是愚不可及。

不要和他人相比

世上的股评家和股票预测专家把自己的灵魂卖给了恶魔，为了养家糊口，他们与证券公司搞成协作关系，不管行情上涨还是下跌，总是在那里一个劲儿地鼓动投资者买股票。作为投资者不必羡慕他们，有的人觉得他们不负责任地鼓动别人买股票就能够混一口饭吃，很羡慕，实在是很不应该的，说别人的坏话更是不应该。

看一看股评家、股票预测专家画的变色走势图，他们很多时候都是错误的。但指责这一点只会引起双方感情冲突，变得像街头小混混一样打起架来。而且说他们坏话的投资者拿过股评家的变色走势图一看，多半马上就会沉默，为什么？因为他们的变色走势图始终是红色的，在股价的上涨或下跌中，至少稳稳地有 50％的机会是正确的。反观自己的变色走势图，因为拼命想猜行情，反而大部分时间是猜错的。

把焦点集中在猜对、猜错上，整体与别人争论不休的投资者走的是一条错误的道路，这样的投资者交易业绩往往连股评家都不如。

概率的理解是技法的开始

原本对股评家愤愤不平的投资者，看了变色走势图之后，马上就心平气和了。他们发现，那些一年到头让别人做多的股评家没什么可指责的，他们猜中的概率之高，脑袋瓜子的好使，应该值得赞赏。反观自己拼命地猜行情，一错再错，应该感到害臊。

不管是售价几十万日元的必胜秘法，还是报纸上吹得天花乱坠的多空结论，只要画成变色走势图，胜负马上一目了然。

那么问题解决了吗？没有。变色走势图促使人们思考更多的问题。

每个人的变色走势图都不一样，什么地方不一样，这里面有很大的学问。变色走势图只显示了交易者的强弱观，但盈亏结果除了与强弱观有关外，还与如何建仓以及建仓的量有关。明白了涨跌概率的本质之后，交易行为在技术的钻研上还有很长的路要走。

要合乎期股市场的大原则

变色走势图教给我们的第五样东西：获得对于顺势操作、逆势操作更加实际的感受。

首先，用变色走势图绘制长期复合移动平均线。上涨后，在快到顶部最高点的地方变成红色，稍微上涨一点点马上就开始下跌了。下跌后，快到底部最低点之前变成黑色，再稍微下跌一点点马上又掉头向上。

颜色反一下：长短两根移动平均线金叉的时候不涂红色，反而涂黑色。死叉的时候不涂黑色，反而涂红色。这就与“高卖低买”的交易大原则一致了。

而复合移动平均线的信号方向却是与交易大原则正好相反，真是一个令人啼笑皆非的讽刺结果。这也是众人尽管看到了复合移动平均线的信号，却熟视无睹，不加以利用的理由之一。

但是，仔细想一下，一般有交易指令的K线，都是在价格从顶部最高点开始下跌之后，才发出卖空信号；在触底反弹，开始上涨之后，才发出做多信号。就是说，是顺势操作。而高卖低买的涂色，却是理想的逆势操作。

所有的交易书上毫不例外地都写着“逆势操作”有利，但绝对没有任何一本书写明从哪里开始逆势切入。

一般的投资者即使想进行逆势操作也不知道如何下手，但只要针对复合移动平均线的信号反向操作，就能简单地完成逆势操作。当然，复合移动平均线也是有各种各样的周期的，也不是所有的移动平均线一概反向操作就行。首先，凡是知道移动平均线理论的人，是执行不了反向操作行动的。因为，复合移动平均线出现金叉，有的时候行情的确会暴涨，如果做多，确实能够赚到很大一波上涨行情。

“复合移动平均线金叉做多，死叉做空”的概念已经深入人心，根深蒂固，因此，遇到金叉是无法反向操作开空的；遇到死叉也不会反过来做多。这种反投资者常识性的盈利想法就不现实了，是不可能实现的。

有望获得诺贝尔奖的发明

有一个用电脑验证移动平均线有效的男子，是一个电脑编程工程师，他走过的路，与现在很多电脑信奉者、现代的炼金术师一样，最终都变得带有诈骗色彩。

让我们来看一看他走过的路吧。

三洋证券公司设立了一个大型交易室，营业部也开始配置电脑，公司让他编制显示走势图的软件程序。后来他还参加了一家大期货公司的网络营销活动，他开始对行情感兴趣了。

由于在工作中经常接触电脑显示的图表，他产生一个疑问：公司为什么要把这么不准的交易信号指示系统展示在电脑显示屏上给客户看？同时他又想，不如我自己创造一个能够准确预判行情的系统。

他经过辛苦摸索搞出了一个交易系统，立刻用其进行实盘交易验证，但只有偶尔盈利，最后以大亏告终。

他开始大量阅读有关股票的图书，走访很多销售交易软件的公司，但这些对他并没有任何帮助。不仅如此，还受到这些软件公司的欺骗，把未完成的软件说得天花乱坠，买过来一试根本没用。

有一天，这个工程师在鼓捣复合移动平均线的时候，不小心按错一个键，把平时的颜色涂色方法颠倒了：复合移动平均线金叉，价格走势变成黑线；复合移动平均线死叉，价格走势变成红线。走势图变成了：价格快到顶部最高点的地方出卖空信号，正好能够赚取整波下跌行情；价格快到底部的地方出做多信号，正好能够赚取整波上涨行情。这正是他梦寐以求的交易系统。也正是世上谁也做不出来的逆势开仓的交易法。

他胸脯挺得高高地说："那时，我头脑一下子发热了，兴奋得有点儿恍惚，只知道一件事，要想在交易中盈利的系统就是这个样子的，这没准能获得诺贝尔奖。能做出这样有价值的发明的人世间罕有，而那个罕见的人就是我。"

你也许觉得有点儿夸张，但那时这位工程师的确有那么兴奋。

各显绝招

他又试验了各种移动平均线的组合，最终发现自己白忙活一场。

他发现，在顶底中间偏上的地方卖空能够盈利，在顶底中间偏下的地方做多能够盈利。后来，这位工程师每天的时间都花在交易上，虽然在交易技术方面开阔了眼界，但可惜并没有出现飞跃性的进展，因为他走错了道路。

在此讨论一下所有交易者的最终命题：盈利的方式。

被称为职业炒手的人——不一定是大庄家，那些规模虽小，但能够稳定盈利并以此为生的人，可以称之为职业炒手，让我们看一看他们画的变色走势图是什么样子的。

这些人都有他们各自独特的绝招，这些招数在变色走势图上能够显示出来。例如，擅长于震荡行情的波段交易者，他们的变色走势图在上涨过程是红色，下跌过程是黑色，干净地赚到整个往复的行情。还有专做更小波动的节奏交易者，尽管他们的变色走势图颜色频繁变化，令人眼花缭乱，但也是上涨为红，下跌是黑，一目了然。

但是，当震荡行情转变为单方向的趋势行情后，擅长震荡行情的职业炒手就会出现大幅度亏损。擅长顺势操作的职业炒手，这时能够敏捷地跟上一去不回的大趋势行情，而遇到震荡行情却两边挨巴掌。

当然，擅长卖空的赚取下跌行情，擅长做多的做上涨行情，变色走势图都能把各人的特点显示得清清楚楚。

两种颜色似乎还不够

通过观察变色走势图，我们发现一个重要问题，就是不管哪种类型职业炒手，按照全年计算盈亏，都是处于亏损状态。就是假定红线是买入状态，黑线是卖空状态，全年计算的话，不管是顺势操作类型还是逆势操作类型的人，都是亏损。

那么问题来了，他们是怎么维持生活的？

答案是，他们有的时候在休息，在休息的时候是没有亏损的。

因此，若想制造电脑“必胜”软件，必须有卖空、做多、休息三种状态。也就是说，除了“多空转换”，还需要添加“头寸增减”和“休息”两个选项。但世上所有的交易软件，都没有“空仓休息”的选项。

总之，如果在变色走势图上设置卖空、做多、休息等三种状态，就变得更加接近实际的交易现实了。

当感到自己掌控不了这段行情，或者感到情况还会变得更加不利，可以马上砍仓、止损。若认为还不到自己出动的时机，可以静伏不动，继续观望。懂得这种减少没有必要的亏损，并能够贯彻执行，才能做到盈大亏小。更重要的是，明白最不会亏损的方法就是休息，因为在休息的时候至少不会亏损。休息的时候干什么？记录收盘价格，手工绘制走势图，研判行情，静静地等待自己出动时机的到来。

那么，到了这一步，变色走势图仅有红、黑两种颜色就不够了，因为与现实不符。

现实交易不是每次买卖同样的数量

至少在变色走势图上增加“空仓休息”选项，这样就比较接近现实的盈利方式，但光有这一点还不够，还需要加上头寸的增减。但这样一来，变色走势图的颜色显得复杂无比，与其本来的目的不符。因此，变色走势图还是只用两种颜色就可以了。

因为，变色走势图虽说是交易技术的源头，但并不是交易技术本身，这位编程员到事务所来提问。

编程员：“我在研究电脑交易必胜法，但现在碰到一堵墙壁，过不去。”

我：“研究到什么程度了?”

编程员：“我现在只知道，只要知道移动平均线的合适期间，就能够逆势开仓。”

我：“喔，了不起呀！那么，例如红小豆，最适合用几日的移动平均线?”

编程员：“我试过了，几乎好像有无限个。累，打算放弃寻找。”

我：“你想追求完美才会搞成这样，只要按照最大公约数找出一个天数就行。当然，在实际操作中会有误差，而且不同的时期适用不同的天数，那是没办法的。或者制作三个不同天数的移动平均线，根据具体行情来选用合适的天数。”

编程员：“听起来有点儿难。不过，如果只有这些，我可能做得出来。试试看吧。”

我看他很虚心，而且正好有时间，就把有关变色走势图的知识整个对他讲解了一遍。我说：“变色走势图的想法虽然是交易技术的发生源，至少是发生源之一，但与实际的交易距离还很远。因为：①变色走势图规定，价格线显示红色时一定持有多仓，黑色的时候一定持有空单，而且整个期间每次交易都是同样数量的头寸，这与实际交易情况不符。②变色走势图上，不能体现空仓休息的期间，不能体现头寸增减的状态。如果你在你编制的软件中添加上空仓休息和头寸增减这两个要素，也许不错。当然，大部分有个性的交易是很难编为程序化的，但我认为只要引入一部分也已经相当了不起了。”

应该注意的并非是概率

编程员：“原来如此，您说的真是我的盲点啊！我本以为，发现的逆势开仓的方法，足以值得颁发一个诺贝尔奖。您所说的我闻所未闻。据我所知，所有的交易法开仓量都是自始至终固定不变的，而且没有空仓休息的时候，不是持有多单就是持有空单，原来这本身就是错误的呀！您说的令我太吃惊了，就如同哥伦布敲碎熟鸡蛋立在桌上那样——①要适时空仓休息。②该增仓时须增仓。明白了，谢谢老师。”

他两眼放光，高高兴兴地回去了。

但是，我却有一丝不安。

增减仓、空仓休息这两者是与强弱观有联系的，以为只要猜中行情就可盈利的想法不符合交易的现实。他那么高兴地离开，会不会以为只要猜中行情就可以在市场上无往不利、所向无敌呢？

不幸被我猜中。他的确以为交易盈利就取决于预测行情。因此，他回去之后废寝忘食地进行了一系列的摸索：空仓休息的时期——在价格上有什么形态，指标上有什么征兆？增减仓的时期——在价格上有什么形态，指标上有什么征兆？

他在变色走势图上做了如下改变：做对时增仓至 2 个单位，甚至有时增仓至 3 个单位。这一验证花费了他 3 个月时间，成果令他足够满意。

人的交易能力能够编入程序吗

空仓休息、随机应变地增减仓位，这些都是职业炒手根据自己的感觉而随机做出的行动，这是无法量化的，但编程员却试图将这些行为量化，并编写为程序化的规则，显然是不可能成功的徒劳尝试。

行情走势的预测，能够表示为数值化的概率，但未来价格走势如何发展，哪一个指标更适合，人的判断在很大程度上是凭感觉来进行。在实际交易中，除了感觉，人的交易能力也能够影响到交易的结果。

预判行情能力和执行能力就像车子的两个轮子，两者是相辅相成的，只有其中一项强是不够的。如果其一平平，另一方是负的，那么显然成果肯定是负的。

在此，还是回到变色走势图的讨论上来。我们发现世人对猜得中、猜不中行情的议论有一个很大的误区，那就是忽略了交易是一种技能性的东西。

如果把技能的因素反映在变色走势图中，那才更接近现实。但若那样做，其中最难的问题还是如何处理“空仓休息”的规定问题，似乎这是一个世人共同的问题。

我们发现，何时空仓休息，何时头寸增减，不是概率的问题，而是感觉的问题。

有人计算过，世界上能够称得上“流派”或“方法”的交易方式超过1200种，这些方式的发明都是人们花费了庞大的劳力和资金外加经验的结果。在现阶段，还没有任何人能够把有关人的交易能力这部分信息编入程序，能力的积累只能靠个人努力，别无他法。

第六章
何为卖空

不同规则的游戏

首先把专家和外行的一些别称简述一下。

专家，亦称极少数把交易当作工作或生意来做的人，这些人既爱学习，又努力、聪明。

而外行呢？当然就是“菜鸟”。一般来说，他们有自己的主业，交易只是作为业余行为。他们不仅不学习，而且也不努力，却一心梦想发大财。

以上评价，既有常识性的说法，也有尖刻的说法，有的读者也许心有抵触。怎么解释好呢？我先从板垣的《你也能够成为投资高手》中引用一段，那是一个专家与一个新手的对话。

学校里有没有学过凯恩斯的理论？凯恩斯曾经做过股票和期货的交易，那是很有名的。但不清楚他是盈钱还是亏钱。估计总体算起来是亏损。总之，他做过交易是事实，因为他在自己的著作《雇佣、利息以及货币的一般理论》中讨论过交易的问题。我觉得他有一句话写得很深刻：“大家都在同一个市场参与投机交易，但内行与外行仿佛玩的是完全不同规则的游戏。”

内行和外行，就是高明的人和拙劣的人之分。一方是把交易当一项工作来做，一方是把交易当游戏玩。虽然大家都在同一个市场做交易，但玩的却是完全不同规则的游戏。如此，就分出了高下。凯恩斯不愧脑子好，他明白这个道理。

你若以后也打算把交易当作一项工作来做，就要在完全不同的规则下来交易，“菜鸟”们玩的游戏是不同的游戏。

读者光读这些，也许还是搞不明白，具体来说，内行和外行的交易到底有什么不同，我再介绍一个例子。

人气量大的时候应该卖空

某家大公司的科长长期以来他从事套期保值和某品种的滚动卖空，我那时也在进行红小豆和黄金的滚动卖空，在向他请教注意事项的时候，他回答了不少问题。我把他说的一些真东西抄录在此。

即使在同样的市场交易，有一帮人按照完全不同的规则在进行交易，其中一种是老手的交易，另一种是像做生意一样地做交易——说是交易，几乎都是卖空的仓位。他们不像“菜鸟”那样爱耍小聪明，搞些小花招，而是做得中规中矩。说白了，就是一直在重复简单的、基本的交易，不被眼前利益迷惑而误入歧途。简而言之，当市场疯狂的时候，不左思右想，都是卖空。

用套期保值赚取价差

我再抄录《投资日报》的一个名叫“五风十雨”专栏中的一篇报道，作者名叫秋山素男。

商人总是想把库存的商品尽快卖掉，卖掉了又赶快进货，然后又快快地卖。如此循环往复，这就是商业的宿命。

而进口公司在世界各地签约，然后把货物装船运到日本，运输的过程相当费时间，这段很长的时间内如果价格上涨固然不错，但价格也可能下跌。

所以，一般进口商都是在商品买入签约的同时，在国内的商品期货市场上对相应的商品进行卖空开仓。为了确保成交，不问价格如何毫不犹豫地进行卖空开仓，以便对购入货物进行套期保值。这样运到的时候即使价格下跌就不怕了，如果船到岸之后很幸运，货物很快就能够找到买家卖掉，由于进口过来的货物已经卖掉了，那么期货市场上就不需要再有卖空的单子来保护现货的贬值了，所以在那一刻立即就把在期货市场卖空的单子平仓。

如果运到后货物价格跌得厉害，卖不出好价钱，可以用货物交割平掉期货空单，获利平仓。另一方面，冲销之后就没有货物可以交货给国内的买家了，怎么办？这时候在期货市场上再以很低的价格买进该商品来交货，期货盈利的这部分就是赚到的价差。

但是，想要卖空期货，若没有买方就无法卖空开仓。

于是，由于存在期货交易所，存在交易员，交易员就起一个诱饵作用，让大众投资者（散户）出动，撮合散户的多单与商社、职业炒手们的空单成交。

但令人困惑的是，大众投机者（散户）不是每次都来买，如果散户都模仿专家，每次开仓必做空的话，商品期货市场就无法存在了。

文章非常清晰地解释了商社的卖空和散户的做多。

然而，我把这篇文章给一个到我事务所来的人看，他已经有10年期货经验，本以为他能够读得懂，没想到他完全理解不了这篇文章的意思。

做了10年期货，他依然停留在外行的水平。告诉他现在业界的构想就是想方设法让大众亏钱，他根本不相信。明明被期货公司欺骗而不自知，却自以为是按照自己的思想在交易。

仿佛完全是另外一个世界的事情

我又给他看了秋山素男写的另一篇报道，这第二篇报道他更看不懂了。原文如下：

价格已经很高了，我们不必着忙；价格即使已经很低了，我们同样也不必立刻行动。

一说到行情到了顶部最高点或底部最低点，投资者就会产生不行动好像就是不行的义务感，但投资者的不幸也就从这时候开始了。

行情一会儿高一会儿低，总是在循环往复。想利用波动抓住若干商机的人，只要等待低价买入、高价卖出就可以了。

但是这个想法从根本上是错误的。因为商品期货不应该从“买”入手，剩下的路只有一条，等待反弹高点卖空。

期货市场上盈利的方法就是卖空。

卖空对商社的人来说也是一项生意。外行为什么不能理解？因为他们不知道内行的游戏规则。外行炒期货想的是期货好玩，内行卖空期货合约是把期货当作一项生意来做。两者是完全不同的世界。虽然大家说的都是日本话，但意思完全不同。

赌博中也有生意

转移一个话题，谈谈赛马。

赌博也有赌博的生意经。

我在当期货公司社长的时候，认识了一个 T 大学的大学生。T 大学附近有一个游乐园的自行车赛车场，这名学生每天靠着赌自行车赛车维持生活。

当时企业人才青黄不接，还在他读大三的时候，就已经有企业指名要他。但毕业之后，他也不去上班。

十几年过去了，我的期货公司也关门了，开了一家投资事务所。有一天，他到我事务所玩，说起他这些年的生活，他告诉我，刚毕业就他不再赌自行车赛了，改赌赛马。毕业之后的这十几年，他一直不上班，仅靠赌赛马为生。

我非常惊讶，就检查了他的银行账户的明细单，发现他每个月赚的钱，的确相当于当时大学毕业生第一年上班族月工资的几倍。

后来我把这件事写在了《投资日报》的“行情浮世”专栏里。

但我脑海中，一直带着这个疑问：靠自行车赛真的能维持生活吗？

今年夏天，有一个读了我这篇文章的人告诉我，《赛马奖券学入门》一书，写有把赛马当作生意来做的方法。

书的作者岩川喜欢赛马，他一直在寻找每赌必胜的赛马方法。他遇到了一个把赛马当作一项生意来做的人，就拜在其门下。那本书写的就是他学会那种方法之后，由于毫无刺激，耐不住枯燥，又回到了原来的虽然刺激、但亏钱的方法。

外行们都喜欢有趣、刺激、兴奋的玩法，对于把赛马当作生意来做的方法不感兴趣，尽管后者能够实实在在赚钱。我把《赛马奖券学入门》的这部分内容抄录如下：

我："平时买不买赛马报纸？下注前是否参考马的状态、马的赛前试跑的成绩、马厩舍的清洁度等状况？"

赛马专家："那些东西靠不住的。"

看来专家选马、选跑道不是从对马的印象和感情的角度来考虑的，而是从合理、科学的角度来考虑的。

赛马专家："赛马关键不在于中奖的次数，而在于中奖的大小。"

一天下来能够获得些许收益。收益虽然微小，但远比银行的利息多。但是，日复一日，每天重复同样的过程，我慢慢地变得焦躁不安。赛马再也没有往日的兴奋、激动，乏味透顶，一点儿也不好玩。

我每天徒步往返赛马场，过的却是与赛马无缘的、上班的日子，这样算下来，工资少得可怜。

我："这有什么好玩的？"

赛马专家："坐着就能赚钱，天下还有比这更快乐的事吗？"

我："你不想给喜欢的马下注赌一把吗？"

赛马专家："想是想，但那是邪念，必须拼命压住，这也是修行。"

我："邪念呀？收入才这一点，没有必要每天往返赛马场吧？"

赛马专家："不少了。你应该知足，应该感谢老天才对。"

我与他完全说不到一块儿去。

我的邪念与日俱增，日益膨胀。

我："现在没有梦想了。"

赛马专家："禁止有梦想。外行就是因为每天白日做梦，所以才不断输钱。"

我的焦虑积累到了顶点，终于爆发，放弃了他教给我的必胜赛马法，又回到了以前兴奋、刺激的赛马方式了。但从此又过着每天输钱的日子。

完全相同的案例

是追求兴奋、刺激、有趣，还是追求挣钱?

在期货、股票投资方面，也面临完全相同的选择。

1988 年 2 月，有一个投资者读了我写的"黄金的滚动卖空"文章后，到我的事务所来访问。

投资者："我已经亏掉 2000 万日元了。这回我决心彻底听先生的话，把交易当作一门生意来做。拜托了。"

我："先生，既然这样说，就不要中途放弃。因为把交易当作一项实业来做就不那么有趣、好玩。这与以趣味为主的门外汉的交易是有着本质区别的。"

投资者："我已经决心与'菜鸟'的习惯诀别。我跟老婆也商量好了，还去了三轮神社许愿。我的决心就这么坚定。"

就这样经过了两年，这个投资者黄金的滚动卖空的盈利逐渐变得越来越庞大，把以前的亏损完全赚回来了。

到了 1990 年 8 月中旬，我接到了这个投资者打来的电话。

投资者："最近我的黄金的滚动卖空不太顺利。难道行情已经转变为上涨趋势了吗? 由于中东的伊拉克战争，我认为今后世界将进入金融动荡的时代。我考虑了很久，不如下一个决断：由空翻多! 但行动前，我想听听先生的意见。"

我："你不是在神面前许过愿、起过誓：从此不再做猜行情的交易了吗?"（译注：滚动卖空，也叫价差滑动交易，是卖空策略之一。当期货处于供求平稳的升水价差时期，每逢新的月份合约上市的第一天卖空该月份合约，一直持有 6 个月到合约结束，在交割日平仓，然后再卖空下一个新上市的合约。因为升水价差的远期合约随着时间的推移价格越来越低，由此获利。当行情触底回升，在上涨行情或贴水价差时，空仓休息，观望）。

是追求偶然，还是追求必然

投资者："世界的局势已经发生了变化。我已经坚持了3年枯燥乏味的工作，以前的亏损早已赚回来了，我想解放一下自己。先不谈这些，先生您对市场未来的走势是如何看？"

我："'市场看法'是靠不住的，就像梦是靠不住的一样。与其猜测行情，不如做确定的事情。"

投资者："不是梦哟，实际形势的变化的确很大。"

于是，投资者满仓做多，正好买在了顶部，买入后价格开始暴跌，追加保证金拖延了一天，终于被强制平仓，所有的资金全部赔光。

决心和许愿都败给了兴奋和趣味。

于是，我想起几个月前读过的《赛马奖券学入门》，那也是必胜法的枯燥无味使得执行者的焦虑日益积累，导致最后崩溃。两者经历分毫不差，令我惊讶。一连几天，我一直都在思考这个问题。

正在这当口，有一个人来访正好回答了我的疑问，他是业内的老前辈。我刚进入投资这一行就认识他了，很多交易的问题都与他商量，并从他那里学到很多东西。他是一个完全无名的职业炒手，今年85岁了，但思维敏捷，谈吐清楚。

我问："为何有的人放着必胜的方法不用，却喜欢使用输钱的方法？"

他回答："学习不够吧？你想向我请教，就要先做点儿相应的事情。今天就将就点儿，你请我吃法国料理就得了。"

在法国料理店坐下，他说："什么样的人都有，就看追求的是什么了。是追求偶然成功，还是追求必然成功。散户、新手的交易追求兴奋、刺激，固然有趣，散户的盈利带有一定的偶然性。职业炒手、老手的交易严肃、认真，把交易当作一项工作来做，他们的盈利带有必然性。"

卖空也许是忌讳的事情

股票、期货市场的真实情况是：买方是带着一副理想的眼镜看行情，卖方是用现实的视线看行情。

做多在心理上、方法上、消息上、走势图的看法上都与卖空不同。可以这么认为，理想做多与现实卖空是对立的两极。

股票业界更加明显地对卖空与做多持有不同的态度。股票书籍、投资杂志、报纸上只写做多的内容，如果把投资比作马拉松，买入只是起跑，卖出才是到达终点。本来应该对卖空大书特书才对，但任何一本出版物都完全没有写卖空。

我们只能认为，股评家根本不知道股票只有卖掉才能获利。股评家从1990年1月股市暴跌开始直到现在，每天都在号召投资者买股票，一错再错也面不改色，继续宣传做多。但不可思议的是，没有一个投资者站出来说："股评家，是不是应该自我批评一下？"

在股市疯狂的时候，有些人的脑子也会变得疯狂。

1989年股市疯狂上涨，有人提出一种设想，让东京的环状地铁山手线在地下100米以下深洞中运行。一家报纸还把几家认真考虑承接这项工程的相关企业的名字刊登了出来。

利用深层地下空间，这种构想太超前，100年以后能不能实现还是个问题。这种设想何止是理想，简直是梦想。这都是一些狂人脑子里的极端的想法，但我们无论是阅读日常的报纸还是阅读投资杂志，专家鼓吹的买股票的方法也是这样的买法：如果一家公司的技术5年以后就能实现，买这样的公司还情有可原。一家公司的技术需要50年、100年才能实现，投资者也毫不犹豫地买入，行情就是发展到了这么疯狂的地步。买股票的理由明明是将来的梦想，却写成好像是确定的事实一般。

由于在心理上将来的梦想令人陶醉，即使只有20%的可信度，也把它写成100%。

在带着理想买股票的人眼里，走势图上，从现在的价格到顶部最高点好像早已铺设好了一条天路，上涨是确定无疑的。

另一方面，在卖空的人看来，计划中的事情说到底都是还未确定的事情，存在着很多变数。卖空单子的浮盈，只要扒拉一下算盘珠子马上就可以算出来。在卖空者的眼里，走势图上现在的高价是多么的危险。

仔细观察就可以发现，周围各种各样的文章、报道、信息，都是站在买股票的角度来写的，站在做空的角度写的东西一篇也没有。

做多充满了不确定因素

报纸、杂志上向做多的读者写的文章充满了片面的分析，买方头脑发热，想法带有理想色彩，计划有漏洞，有不确定因素。卖方则比较现实，比较理智。

期货界的理想做多与现实做空之对立，虽然没有股票界的那么严重，但也是存在的。

散户大众在做多，作为多方的对手盘、空方阵营主要有商社、期货公司自营盘、套期保值者和职业炒手。

做套期保值的有生产厂家，但也不全部都是生产厂家，做套期保值不一定非得在仓库中保管有相应的交割用的现货，当然，也可以在仓库中准备相应现货。但用于交割的现货量与交易量相比只是一个很小的量，因为投机者在总的交易者中还是占大多数。

生产厂家生产的也不完全都是可以在期货市场交割用的规格产品，非规格的产品也有很多。

生产者自己在交易所做套期保值不是很方便，因为他们没有期货的专业知识。生产者一般委托购买他们商品的商社代替他们做套期保值。总之，做空的人不那么带有理想思维，比较务实，他们都是一些没有必要“买”的人。

对于一些基本理论还是需要理解的

有人说期货交易制度设计得对卖空有利，在价差、交易所推出的临时性限制措施和交割制度方面都是如此。

为什么这样说？首先看价差。在升水价差的时候卖空有利，在期货交易理论书里有一个计算公式说明，基差走强，卖空有利。对卖出套期保值来说，两个市场盈亏相抵后存在净盈利，但一般投资者对这样简单的算式也不试图理解，甚至看也不看。

我有一次把“基差”累积的大小计算给一个读者看，他不屑一顾地说：“这只是理论，要是靠理论能够挣钱，那世上的人就不用辛苦打工了。”

“基差”累积的利润相当可观，这种计算就像一加一等于二一样简单，他却懒得理解，那他对期货的月份制度肯定也不会试图去理解。

有一次，秋山素男给一个初学股票投资者讲一个概念，对方也是始终听不明白，这时正好有一个生命保险基金的经理来串门，插言道：“秋山讲的是哥白尼的地动说，赞成天动说的人当然听不懂了，因为你们是生活在完全不同的世界的人。”

虽然他说得有点儿极端，但的确是这么回事。

读者除了怀疑“基差”计算在实际交易中的有效性以外，还有的就是像上一个例子，黄金的滚动卖空的人一样，能坚持两年以上的人屈指可数，大部分人只能坚持一年，正如《赛马奖券学入门》里写的一样。

升水价差时显然卖空有利

升水价差在日本也称为本价差，就是价差本来应该有的形态，因为它反映了利息和持仓费用。升水价差时远期合约之所以比当期合约价高，因为买入远期合约只是拥有了远期合约的权利，实际付款要到交割时才进行，因此理论上来说，这6个月期间的利息决定了远期合约价高。

由于人气高涨而造成较大的升水价差时，对卖方有利，对买方不利。

我把《对冲的实践》一书中滚动卖空的例子抄录如下：

橡胶：从1966年1月份合约到1978年12月份合约，13年滚动卖空，盈利9842500日元。

大豆：从1976年1月份合约到1982年3月份合约，75个月滚动卖空，盈利734万日元。

干茧：从1971年1月份合约到1980年12月份合约，10年滚动卖空，盈利468万日元。

黄金：从1990年2月份合约1990年12月份合约，1年滚动卖空，盈利8500日元。

红小豆：从1990年1月份合约到1990年12月份合约，1年滚动卖空，盈利1289600日元。

限制性规定

各种交易的限制性规定是为了维持市场的正常运转而设置的，为了达到这个目的，在紧急情况下，甚至可以无视公平。

当然，限制性规定应该对买卖双方一律公平，但因为限制性规定必然牵涉到各方的利害关系，因此不可能得到所有人的支持。

但纵观各种限制性规定，就像一部分人说的那样，结果总是对卖方有利。

首先我们看庄家介入的限制性规定，因为大部分庄家是多头，所以庄家介入的限制性规定明显是对多方不利。

再有高价限制规定，从理论上说，价格越高对卖方越有利，因为能够卖得一个高价。但监管部门以“为了防止混乱”为名义对高价进行限制，实际上是保护已经开了仓的空头。再加上交割限制规定，就更明显是偏袒空头。

例如1990年5月28日《投资日报》的一篇文章是这样写的，现抄录如下：

棉丝单40市场的问题还记忆犹新，交易所又颁布了一个让橡胶市场的多头把近月合约强制平仓的临时性规定，令市场的各路人士抱有很大的疑问——这个市场还公平不公平……

交易所一方面标榜要让市场活跃、国际化和大众化，另一方面又优待商社，庇护从业者，虐杀大众投机者。

本来业内就有这样的议论，现在的商品期货交易法比以前更加保护期货公司的自营盘，交易所根本就不调查期货公司自营盘的投机性做空，反而诱导大众赌博性的投机交易。而当期货公司投机性的做空自营盘导致交割头寸不足、造成市场混乱时，为怕上面问责下来，交易所就突然翻脸不认账，把投资者当牺牲品，立刻颁布一个新的、对一般的投资者不利的限制性规定，令投资者惨遭损失……

《投资日报》的这篇文章看起来带有一点儿感情色彩，没有例举出具体的数字，就像前面那一节中升水价差的情况下对卖空有利，但没有列出具体的数字对做空多么有利。总体来看，交易所制定的限制性规定，都是一些对执业界牛耳的贸易商社等空方有利的规定，对一般做多的大众投资者不利。

纯理论的交易

在升水价差的期货市场上，长期依次在远期合约上市之日卖空远期合约，这个方法称为滚动卖空。有名的英国罗斯柴尔德家族就是靠这个方法发家的，他们家族主要是在伦敦金属交易所滚动卖空铜。

在日本做滚动卖空交易的主要有纤维商社的卖空棉丝、综合商社的卖空铜和卖空大豆、糖的贸易商长期做粗糖的套期保值，一般的人几乎很少有人做滚动卖空的。可以说是很少，但我在1948年开始投资股票，1953年开期货公司，炒期货交易已经36年了，期间认识的以做滚动卖空为本业的人至少有10个人以上。

这些做滚动卖空的人几乎都是商社出身，其中也有一个人是自学成才，他后来隐居到秩父山里专做滚动卖空。这些人与那些满口都是变动的感觉、交易技术的职业炒手不同，他们主要根据计算进行交易，依据的是交易机制对卖空有利、升水价差时对卖空有利等知识，他们可以称为纯理论派。

理论派所追求的是必然性，因此他们的交易方法就是所谓的“必胜法”。

在期货市场里，能称得上必胜法的方法有两种：一种是机械式地交易获利方法；另一种是像做生意一样地做交易。

机械式的交易法，就是先编好程序，然后在电脑上根据程序的指示做空或做多进行交易，或者根据走势图的形态或价格波动，与其他要素（例如某指数）的组合，设置好规定的形态，然后根据形态发出做空或做多指示，忠实地执行指示，这种方法也叫机械式交易法。

错过绝对盈利机会的原因

机械式交易法是投资者的梦想，虽然随着电脑技术的发展，人们从多个角度对机械式交易法进行研究，程度越来越深，但直到今天还没有发明（发现）绝对不会亏损的方法。

理论上已经证明了“绝对不亏的方法”是不存在的，但人们还是在继续研究。

然而，人们发现若是退一步把条件放宽点儿，就是“虽然时不时会产生一些亏损，但持续坚持一定时期就会绝对盈利”的方法，却是有可能实现的。这样的话，只要花费一定程度的劳力，收集价格波动的资料并进行分析，就可能做到这一点。

自古以来已经流传下来不少方法，例如中等长度的移动平均线；还有传说中的“中源线交易法”；期货升水价差的滚动卖空等。这些方法虽然有时候会出现“骗线”，但只要按照规定的指示操作，在一定的期间忠实地执行交易指令必定能够盈利，但为何能够做到执行指令的人非常罕见呢？理由有三点：

①机械式交易法、滚动卖空等方法无趣味。因为这些方法都是让概率增大的方法，都是追求必然性的方法，而一般投资者喜欢的是追求可能性的方法。两者截然相反，追求必然性的方法不像追求可能性的方法那么有趣。

②执行者的欲望太大。事先就知道时不时会产生损失，在骗线出现的时候仍然按照规定执行方法才能盈利，但执行者一遇到假信号的欺骗就开始怀疑方法本身，忍耐不下去，进而放弃该方法。

③只有保持固定交易数量，才能维持概率稳定。但执行者根据自己的强弱观增减交易数量，就会破坏概率的稳定性。例如，执行者看涨，就在系统出现做多信号时增加买入数量，但若这个做多信号恰好是一个假信号，就会受到本不该遭受的过大损失；相反，若执行者看跌，就会在出现做多信号时减少多单的开仓数量。若这个做多信号是一个真信号，就会得不到本该获得的较大盈利，而只获得一个很小的盈利，使系统在一定期间获利的必然性遭到破坏。

在前一个例子中，用黄金滚动卖空赢回 2000 万日元而最终亏损的人，就是没能坚持下去，原因在于：

①方法无趣味。

②在遇到假信号时不能坚持策略。

③受自己行情观影响，随意改变交易数量，导致重大损失。

另一个世界的入口

把交易当作实业来做就是在人气疯狂时卖空。

商社一般擅长计算，大多根据计算来制订交易计划。老一辈的职业炒手大多凭经验进行。

我在此列举一个老一辈职业炒手的做法。

他一般在升水价差远期的三四个合约都创新高的时候开始卖空，先规定好一个单位卖空的头寸数量，在远期合约刚上市的那一天先卖空一个单位或两个单位。剩下的资金等价格更高的时候，或隔开一些日子，如 10

天、20 天以后再卖空。随着时间推移，头寸向远月合约换仓。卖空开仓到什么时候为止？一直卖空到连续 4 个合约没有出现低价交割为止。

你听后是什么感觉？传统的职业炒手也非常讲究理论吧？

期货的价格很难预判。价差的变化规律通过计算，理论是已经清楚了，但滚动卖空的操作在实际执行的时候，新手会非常不安。相信天动学说的人脑子要切换到相信地动学说是很困难的。新手以前的期货世界遵循的是外行规则，要从那种习惯抽身也是很困难的，新手的不安就来自于旧的观念在拖后腿。如何克服？就是要习惯于卖空。

新手已经有了理论与现实落差的体验，就像站在另一个世界的入口处一样。我在这里再披露一点儿商社的人讲的奥妙。

理论和现实都要理解

先讲黄金和红小豆的滚动卖空。

黄金都在偶数月份更新合约。在新合约上市的第一天卖空，原则上一直把空单持有到交割时才平仓，但也可以中途平仓。前半年尽量持仓，但中途浮亏太大也可以平仓。

极端的场合，新合约上市第一天，空单开仓完毕之后，下午看不到下跌的迹象，在第二天一早开盘平仓也可以。

总之，黄金滚动卖空，在新合约上市第一天开盘卖空，其他的什么都不可以做。

红小豆每逢新合约诞生那一天，如果是升水价差或同价差就卖空开仓。持有 6 个月，在交割时平仓。如果是贴水价差就不卖空，但 3 个月内变成升水价差的话，就卖空那个合约，上市第 4 个月之后即使变成升水价差也不卖空。

原则上在交割时平仓，但中途平仓也可以。

必须遵守以上规定，连续做一年。就是抛弃自己对行情的看法，一年当中每逢新合约上市就卖空。或者说，为了抛弃自己对行情的看法，一年当中每逢新合约上市就卖空。

这样长期坚持下来，以前不明白的各种各样的事情慢慢的就会明白过来，本来只在理论上理解的东西获得了价格波动的实际感觉。例如，突发事件的新闻和消息对价格有何影响；人气强弱对价格的影响；人气盛衰的难测。总之，给自己一直偏向于理想做多的期货人生吹进一股“现实卖空”的新风。

说得夸张一点儿，这简直完全是另一个世界的感觉。

卖空不招期货公司待见

学员问：“红小豆和黄金的滚动卖空知道了，其他的商品期货也能滚动卖空吗?”

我回答：“升水价差，不论品种都可以。在我的《价差滑动交易》一书中，列举了大豆、橡胶和干茧的滚动做空的实际例子。股票也有反复卖空的做法。但黄金不会出现贴水价差的情况，红小豆即使出现贴水价差，时间也很短，所以这两个品种特别适合进行滚动卖空，而且在所有的品种中，它们的价格变动率最小，比较好做。”

学员问：“需要多少资金?”

我回答：“成功的必要条件是要有相当宽裕的资金。假如每次只卖空 1 手，上半年连续卖空，黄金需要 120 万日元（1 手 20 万日元），保证金金额有时候会调整，宽裕一点儿得准备 200～300 万日元，考虑到后期加仓，最好准备 600～700 万日元。”

学员说：“期货公司有些地方上的分公司不接受卖空交易指令，有些业务员听到卖空的订单打着电话就借故挂断。”

我回答：“首先，你的订单数量少，期货公司可能觉得还要花费电话费、人工费等不划算。”

学员说：“有的期货公司对顾客说‘我们公司规定最少接受 10 手的订单，你卖空 1 手也需要占用 10 手保证金’。这有点儿令人不舒服。”

我回答：“有些期货公司不欢迎顾客的卖空仓位，特别是顾客只有一两手空单，却一直拿着，期货公司对他没办法。有的业务员甚至会对客户说，‘赶快平了吧’。”

学员说：“我听到有的期货公司业务员说，‘监管部门要来检查，快把空单平了吧’，让人难以释怀。”

向上比是无止境的

股票和期货都是上涨做多、下跌做空，但很多人总是偏好做多。期货相比股票能更加自由地卖空，既可以对冲，也可以滚动卖空，但还是有很多人根本就不知道卖空。这就相当于交易的世界他只知道一半。也许有的读者会反驳说“那是不可能的事情吧”，但体验一下卖空是完全可能的，如果连卖空都不知道，这样的人生不是很乏味吗?

盈利的必然性，作为一种实业来做的交易，内行的游戏规则，这些都只存在于卖空的世界里。世界是广阔的，有很多学习的人、努力的人。

打过高尔夫球或弹过钢琴的人都知道，向上比是无止境的，比自己更努力的人、比自己水平高的人有的是。

既然你已经开始投资股票了，已经开始炒期货了，如果一直在低水平的地方徘徊不前是很乏味的。但很多人都说想提高交易水平，想变成高手，但坚决不肯学卖空，坚决不肯做卖空。

读者最听不进去的就是卖空和危机管理。希望读者务必学习一下卖空。

第七章
光明的前途

重要，但绝不执行

交易技术与管理技术是最重要的基础。尽管重要，但却是初学投资者最讨厌的东西。

新投资者最不愿意干的主要有 8 件事情：

（1）价格记录。

（2）头寸记录。

（3）手工绘制走势图。

（4）仓位管理，危机管理。

（4）资金管理。

（5）资料整理。

（6）小仓位交易练习。

（7）卖出，卖空。

这些都是既麻烦又需要花费力气的事情，而且与盈亏无直接关系，不能马上看到效果。唯一与盈亏有关的就是练习交易，由于是最小的数量，即使赢也赚不多，因此不愿意全身心投入。这些打基础的练习非常重要，绘制走势图、资金管理都非常重要，初学者明明知道，就是不做。

让我来说，这样的人没有交易的资格。基础的东西当然不是高级的东西，但不掌握这些就无法进步。

方法是有的，但不知道

谁都知道股票、期货有很多流派，但没人知道具体的执行要领，即使知道，也会跳过前一节讲的8件事情，不仅不做8件准备工作，还对传统的方法按照自己的爱好随意加以改动。

至此，交易者已经不知道到底要干什么了，干的都是一些于投资无意义的活动。对交易者本人来说，是在猜测行情，但猜测行情只是投资活动中的一部分，只有在决定大资金买卖时机的时候才用到它。但交易者往往只对“出发时间”（开仓）感兴趣，根本就不考虑“到达时间”（平仓）。

交易的三个要素：

预测——分析、预测未来价格是走高还是走低；

技术——交易的具体操作方法；

管理——持仓管理和资金管理。

投资者的注意力全部被预测所吸引，再也没有精力关注另外两项，简直就是赌徒。

我长期在投资界，读了许多书，我知道存在无数种投资方法，但没有一本书籍介绍职业炒手绝招的，这的确不可思议。教科书也分为介绍基础的教科书，或介绍方法的、流派的教科书，但几乎没有介绍职业炒手绝招的书。对准备正式学习的投资者来说，这些比什么都实在，但却没有这方面的书。

接下来我准备介绍一下这方面的东西。

选股法与固定法

以品种为主体主要分为两种方法：①选股法；②固定一只股票的交易方法。

等待时机对这两种方法都重要，对第一种方法来说更重要。

选股法也需要限定对象品种。例如，板垣浩南专做建设股，有一家机构专做化学股，FAI 低位股票投资法也有各自限定的板块。但若把上市股票全部都作为选择对象，就变成了杂碎拼盘，是杂乱无章的投资。

极限的限定就是专做一只股票。立花义正连续 7 年专做日本电器股票，然后连续 17 年专做一只名叫“派奥尼阿”的股票。

比较一下两种方法：

（1）选股法：有必要努力整理资料；需要花费大量时间和劳力在许多股票的走势图上；对这种方法来说，交易技术不重要。

（2）固定一只股票的交易法：只需要最小限度地整理资料；只需要看一只股票的走势图；在交易技术方面需要花费巨大的努力。

读者可以自己衡量一下，决定选择哪种方法。波段交易法、价差交易法属于固定专做一个品种的方法。对这两种方法来说，时期、时机都重要。波段交易捕捉的是像几个月、几十天的市场，在没有外来刺激的情况下自动发生的节律性的波段，也就是捕捉短期波动。

选股法主要捕捉长期波动，而且只在上升波段买股票，遇到下跌行情空仓休息，不卖空。当然，选股法也是盯着若干只股票反复操作，这一点与固定法紧盯着一只股票反复操作是一样的。

这种寻找最佳点切入跟随波段的操作方法，是在各种市场行情中都能用到的基本功，这种本领与分批买卖的本领组成了交易技术的基础。

但是，在选股法中，交易技术的比重相对来说比较低，只要选到好股票并买入，就能够简单的盈利。

了解一些常识性的方法分类

交易方法通常是根据期间和做法来进行分类，下面简单地罗列一下。

（1）股票的长期投资。以前生命保险公司、损害保险公司买股票，一买就是为期 10 年。

（2）特定资金信托。以 1 年为单位的投资，主要是买若干只股票，到了年终能够分到百分之几的回报。

（3）固定品种的交易。①以 1 年或 2 年为限盯住一只股票操作，当该只股票获利卖掉后再换另一只股票操作。②外汇交易，5 年或 10 年都只做美元。一个品种连续做许多年，主要做波段交易。

（4）价差交易。机构投资者运用大资金操做“日经 225”指数的期货和现货的价差。个人投资者一般做股票的“跨品种”价差交易。

以上是股票交易，在期货方面，机构一般用特定资金信托的方式运作。个人特别是职业炒手的方法有如下几种：

（1）固定一个期货品种。例如，专做红小豆或专做贵金属，方法是波段交易。

（2）价差交易。红小豆的价差交易，生丝、干茧的价差交易，大豆的价差交易等，固定一个品种专做价差交易。

（3）滚动卖空。只在升水价差时进行滚动卖空。银行或证券公司募集的黄金理财产品主要采用这种方法，很少有个人从事黄金的价差交易，个人一般都做红小豆或大豆的价差交易。

每个方法都有各自的规则

以上那些方法都是前人无数经验的总结，每种方法都有具体的规定。如果按照规定执行，即使从未接触过股票、期货的人也能够盈利。但是，新手的主要障碍就是讨厌准备工作，这是一般新手跨不过去的坎儿。

能够称得上流派的方法在这里举两个例子，一个是“低价股选股俱乐部的股票投资法”，另一个是固定一个品种的波段交易法。价差交易在这里就不举例了。除了这两种方法之外，还有很多水平高的投资方法，我虽然了解但没有执行过，如果写错了很不好，因此在这里就不提了。

低价股选股俱乐部是我在 1984 年募集成员成立的，当时募集到 46 名成员，其中盈利超过 3 亿日元的有 3 名，盈利超过 1 亿日元的有 11 名，中途退会的有 16 名。

初始资金最多的人是我，共投入 5000 万日元，其他人最初都投入 500 万～3000 万日元不等，中途还有一些人追加了资金。

说到投资中的坏习惯，一般投资者最不好的习惯就是：①各种方法都用；②在一种方法中掺杂其他的方法。

剑术分为“柳生派”和一刀派。只要把一种剑术练精了就是剑术高手。交易技术也是一样，在一个狭窄的范围内练习，范围越狭窄提高的速度越快。把一个流派的方法学好，交易技术就很高了。问题不在于会的广泛，而在于水平的高低。不要什么方法都学，一次不要同时追两只兔子。

我开的期货公司口碑比较好，因此有不少职业炒手也到这里来下单。

有一个专做价差交易的职业炒手常来下单。我感觉他做得真棒，就很恭敬地对他说：“请您教我吧。”

他是一个坦率而平易近人的人，他说：“行啊！只要你肯学有多少教多少，但你要拼命地学哟。虽然不能说容易，但我告诉你的你只要切实遵守就能够学会。”

“好的，我遵守。”

“等一下，你现在还有持仓吗？如果有的话全部平仓。等你空仓了我再教你。不管我的东西再好，你一边还在做别的方法，我教的东西你是掌握不了的，而且我教着也没劲呀！对你来说，教给你的东西学不会，就失去跟我学的意义了？”

要是舍得花工夫的话

股票俱乐部的内部刊物1988年1月份号，“老板成了一个空壳，公司职员掌握了核心技术，辞职独立成立另一家公司”。

(1) 1亿日元的亏损。

以下是摘录：

两个月前，研究所来了一男一女两个人，说是想用低价股选股的方式投资股票，成立一家公司，问了很多问题。他们带来打印和手工绘制的共计500幅走势图，还准备了活页笔记本和价格记录本、头寸记录本，一切都是按照“低价股选股法”的规格进行准备的。过去一年的交易成绩是年盈利39％。

我告诉他们，顺利也不要放松，同时祝福他们前途顺利。

上星期，一家中小企业的老板来到我的事务所，怒气冲冲地说是由于我的挑唆，才使那两个人从他的公司辞职独立创业的。

细问之下，原来这位老板非常喜欢投资股票，但却一直亏损，终于“低价股选股法”投资俱乐部的投资股票方式令他大开眼界，他买的股票也渐渐开始盈利。但“低价股选股法”的方式需要绘制走势图，记录每天的价格，他觉得太麻烦，就让公司里35岁的女秘书和27岁的男职员来干这些事情，教给他们如何绘制走势图，把每日股价记录在活页本上，并把1亿日元理财资金委托他俩管理。“低价股选股法”投资股票的教科书也借给他们读。

经过了一年两个月的时间，他们俩掌握了“低价股选股法”投资股票的核心技术，投资股票的收益越来越高，感到给别人理财没意思，盈利也是别人的，他们俩一商量，一拍即合，同时辞职，共同成立了一家公司，自立门户。而我之前完全不知道事情的来龙去脉。

他们俩走了之后，公司里仅剩下老板一人。老板虽然有“低价股选股法”的知识，但没有实践能力，变成了一个空壳子，到现在他才认识到需要花费个人的劳力来培养实践能力。

“我想打高尔夫球，但太麻烦，你来代替我打吧。”

那么，水平提高的是那个代替他打球的人。

这件事很有教育意义。

这位老板是因为什么机缘转向“低价股选股法”投资股票的呢？事情还要从头讲起。这位老板多年投资股票一直亏损，有一天在日本经济新闻报上读到一则广告，宣传的是若干个走势图分析软件和数据，他就按广告方法索取了资料进行研究。

最后他选中N公司的一款名叫PC9801VX2的软件，签约购买并安装在自己的电脑上，每天接受N公司发来的信息，软件与信息使用费为280万日元。

在这款软件上，可以分析32种走势图，还有N公司独自开发的买卖信号，市面上没有的秘密走势图，每天的股票收盘价也都能够导出。

但是，这位老板利用这款软件进行交易，不到半年亏掉将近1亿日元，感到非常窝火，正好这时一个做股票投资的朋友给了他一本我写的《股票提高讲座》的书，从中他得知了“低价股选股法”的投资股票方式，到我公司复印了《低价股选股俱乐部的投资股票法》阅读，按照书中的方法试着买了 20 只股票。

这是 1986 年初的事情。

过了几个月，这 20 只股票全部盈利平仓，这位老板大为惊讶。他考虑正式按照“低价股选股法”进行投资股票，并到我的事务所来购买了大约 100 只股票走势图的复印件、价格记录纸、头寸记录纸，让公司的女秘书制作数据活页本。

但是不久，这位老板就发现用“低价股选股法”进行投资股票，每天需要记录许多股票的收盘价，绘制许多股票的走势图，这些以前只要一按电脑键盘很快就能自动完成的事情，用“低价股选股法”就得手工来完成，他觉得太麻烦，于是，又让一个男职员绘制走势图。这个职员很喜欢绘制走势图，除了交给他的 100 只股票走势图复印件接着画下去之外，他还画了一些别的股票的走势图。两个多月的时间，他总共画了大约 300 多张走势图。

（2）第一年就盈利 39%。

女秘书和男职员工作勤勤恳恳、兢兢业业，老板都看在眼里。有一天，老板把他们俩叫到跟前，花了一整天时间，详细地给他们俩讲解了“低价股选股”投资法。第二天，把“低价股选股”投资法的教科书交到他们手上，还把公司在证券公司开设的 1 亿日元理财账户也交给他们俩运作。这天是 1986 年 6 月 1 日，两个人开始分担了各自的职责。

一年之后，也就是 1986 年 6 月 1 日至 1987 年 5 月 31 日，他们的盈利达到 39.1%。但到了 8 月份，他们俩一起辞职了。

老板室隔壁就是理财交易室，现在是人去屋空，但大约 500 张走势图和价格笔记本、头寸记录本等资料都整整齐齐地放在桌上，没有带走，可是老板不会使用这些资料。

老板利用一天的时间在这间屋子里试着记录价格笔记，但对习惯了在电脑上打印这些数据的老板来说，需要动手一笔一笔地记录太麻烦了，坚持不下去。

一星期之后，公司里其他职员告诉老板，那两个辞职的人在别处租了一间公寓做股票交易。

“这两个没有良心的东西!”

老板大怒。但冷静下来想想，事到如今，上门去吵架也于事无补。

老板将他的怒气发在了我的研究所。我告诉他，想要培养出实践能力，需要相应的动手作业。

现在，对于接替那两个人的理财职员，老板只让他们绘制走势图，记录价格，记录头寸，但下交易指令的事情不让他们干，老板在看完走势图后亲自给证券公司打电话下单子。

（3）各方面的议论。

辞职的那个女秘书和男职员在担任理财工作之前没有投资股票的经验，但他们自己试着一做发现自己也能投资股票，而且还能盈利。于是，他们来到我事务所复印走势图，购买价格记录本、头寸记录本等，总之，把炒“低价股选股”需要准备的东西全部都备齐了，又租了一间公寓，挂上某某理财公司的牌子就开始运作了。

纵观以上经过，最深刻的教训就是：要想提高，就必须亲自去实践。

针对这件事，几个读者分别通过写信、打电话，提了6个问题，以下是他们的问题：

①根据公司老板的叙述，我们推测女秘书和男职员之前没有投资股票的经验，没经验的人也能提高这么快，这可能吗？有点儿不可信。

②记录价格笔记的麻烦不能与打高尔夫球的麻烦相比。我认为不妨让其他人记录价格，只要给期货公司打电话下单这件事情亲自干就可以了。先生以为如何？

③看来不能用电脑投资股票，因为会使人养成很难改掉的懒惰习惯，我花了一年时间才改掉懒惰习惯。现在的人，只要一敲键盘电脑马上就显示出详细的数据，大家觉得这样就足够了。而且那么小的屏幕上能够显示出各种彩色的走势图，简直像魔术一样，令投资者用习惯后再也离不开。

④的确，麻烦的作业才称得上是工作。我虽然不了解“低价股选股”投资法，但绘制走势图、记录价格笔记，这些数据准备工作是投资者必须干的最低要求，这些在“低价股选股”方法里都有规定的做法。但这位老

板认为自己是管理人员就不用干了，把这些麻烦的作业推给别人干，这种想法是大错特错的。只有进行作业的本人才会培养出变动感觉，技术才会提高。应该让进行准备工作的人来从事交易实践，以为自己是管理者只要管理就行了，麻烦的事情交给下面的人做，这种想法是错误的。

⑤我们公司（生命保险）也发生过这样的事情。股票交易员、基金经理当中，干着干着有自信了，有的人就辞职自己独立单干了。

在公司里，一切听上面的指示工作，也能出相应的成绩，很轻松，但独立以后就很辛苦了。据说自立门户的人中成功者才五分之一左右。

这个例子中辞职单干的一男一女两个人的技术提高异常迅速，若非是因为他们本人非常优秀，就是因为学到了一个效率高的方法。

⑥这个故事中的老板简直就是一般投资者的典型代表，他能够给职员讲解，说明他很理解“低价股选股”方法，但他只停留在理解阶段，没有培养出自己的实战能力。他也知道如何培养实战能力，但就是不行动。他也知道只要干就会有成果，一般的投资者都是这样，因此不会提高。

想提高，想出成果，真的要靠投资者的自觉。

知而不行，真的很可惜。

从“做法”开始入手

这两个辞职的人以前没有投资股票的经验，却提高如此迅速。1亿日元的资金交给他们运作，在第一年就获得了39.1%的盈利。这个情况，很多人不相信，有人说，这是偶然的，可能碰巧他们运气好，第二年一定会亏大钱。

我说，这是确确实实的事情，只要遵守基本规则，我确信他们不会失败。为什么我可以这么肯定？因为我连续三年指导了“低价股选股”投资法的特别训练班。1985年、1986年、1987年，每期一年，参加的人数有53个人。其中，完全没有接触过股票的有两个人。一开始我还担心这两个人能不能跟得上，等正式开始学习，这两个人的成绩好得出乎意料。

一些有一二十年经验的人一年下来盈利才4%，但这两个没接触过股票的人成绩却超过30%。但是，仔细想想也不奇怪，因为特别培训课程只教大家股票的“做法”。而一般的投资者学习投资股票先从行情的看法、经济状况、企业的业绩分析等开始学习，也就是说太偏重于理论知识的学习了。期货、股票、外汇的行情不一定能正确反映实体经济，基本面好转不一定必然导致股价上涨。

英美学者、评论家守屋阳一说：“行情本来就不是根据人的理性而波动的，而是根据人的感情、人气而波动的。”

既然波动是非理性的，也就是说理论分析是不起作用的，那么学习理论是根本的错误。

由于特训课程每月的讲义只讲“做法”，后来甚至出现了退会的人，这些人可能到现在也还是一个“理论一大套，实际做不了”的眼高手低的投资者。

把一个眼高手低的投资者变成一个眼低手高的投资者是特训课程的目的，也是所有学习交易的人的目标。如果不这样，就说明不是正宗的。“低价股选股”特训班的教程是经过30年摸索才编制出来的，具有惊人的效果。

特训班上这两个以前从未有投资股票经历的人，由于还没有被理论限制，对直接从学习“做法”入手的课程安排没有抵触，虚心吸收教给他们的一切东西，所以才顺利地掌握了“低价股选股”的操作方法。

一个方法，容忍其缺点，才能发挥其长处

没有人会认为自己是上帝，但有的人一旦开始投资股票，俨然以为自己就是上帝，因为他以为对于经济的未来走向，市场的动向，自己的想法等等都是绝对正确的，世上其他的人全都是错误的。

当然，人没有信念就不能克服困难，但任凭信念无限制地狂奔也是危险的，还需要有一个刹车，就是用变动感觉以及相应的危机管理措施来进行控制。

每种方法既有缺点也有优点，只有优点没有缺点的方法是不存在的。

问题是如何发挥自己的长处。

“低价股选股”俱乐部从1985年开始举办，每期一年的三个阶段特别培训班，一开始有63个人报名参加，中途有10人退出，最后实际参加人数为53人，盈利最高者年47.5%，最低者年3.7%。大家都做同样的品种，方法也一样，为何成绩有这么大的差别，原因当然是技术有高低。

当然，仅凭1年的盈利率来评判高低是有些偏颇，想看盈利是否稳定，有没有大的失败，没有几年的时间是看不出来的，但3年的实践还是有很多收获的。

例如，同样的教法，每个人的学习方法不一样，每个人的走势图绘制方法和价格记录的方法也不一样。进步的人和没有进步的人，可以看出有很明显的差异，有几种情况令我很惊讶。

①以前在别处学过不好的方法的人没有进步。盈利在10%以下的5个人学习都非常勤奋，但我花了1年时间也改不掉他们原来的坏习惯。

例如，年盈利3.7%的那个人原来是个牙医，投资股票10年，参加过一个低级股评家的研究会。

年盈利5.2%的人把国会图书馆的股票书全部读了一遍，自称是个老师，他第1年毫无进步。

①个性比较虚心，因此交易成绩较好。特训班有3个女性成绩分别是27.9%，31.4%，35.6%。每个月只讲操作方法的单调课程，她们能够认真听讲，虚心执行。

③交流时不是光挑刺，也能看到别人的长处。月底互相交流头寸记录时，一开始光指责别人的短处，到年底快毕业时，也能看到对方交易的特长和长处了。这是因为自己实力增强了，相应的眼光也有长进。

莫蹈前车之辙

“低价股选股”俱乐部最顺利的时候是1985—1986年，这一年，所有的人都盈利。

在每个月聚会时，气氛都很热烈，但也有几个人阴沉着脸。把他们叫到一边一问，一开始有的人还支支吾吾不肯说，后来才知道，原来股票错过低位买入机会，高位才买入被套。

在“低价股选股”投资法中关注的股票池里，有一些股票渐渐地接近买入时期，我会告诉学员：“接下来1～2个月内某某股票进入底部区域可以逢低买入。”因为我们的交易节奏是很慢的，而且只要出席聚会就知道这几只股票可以买了，但那个人因为迟疑没有买我通知的这几只股票。那几只股票开始上涨，错过买入的几个人打算等股票回调的时候再买入，但这几只股票不但没有回调而是急涨。他们几个人慌忙追高买入，而刚一买入，股票就开始回调，他们心里咯噔一下，“这下完了”，马上又卖掉了。如此这般，买是买了，但是亏钱了。

在特训班上，有时候会有几个人一起问我：“某某股票现在还可以买吗?”有的人高兴地打电话给我：“我买的某某股票上涨了，谢谢老师。”还有的人到研究所来拜访的时候带着礼物，告诉我：“已经有几百万日元的浮盈了。”

“低价股选股”俱乐部几乎所有的人在1988年5月上旬买完股票，在上涨行情中持股不动，坐等上涨，直到1989年初才开始卖空股票。

以前长期被套住的股票转亏为盈，大家精神都非常振奋。

到了1989年，我在“低价股选股”投资法的研讨会上告诉大家，手上的股票应该卖掉了，会卖空的人应该卖空。股价已经进入了危险的顶部区域，但有的人听不进去，他们还沉醉在自己持股的上涨中看不到危险。

我对来找我商量的人说：“你就是硬逼着自己也要把股票卖掉。”

有的人听了我的话把股票卖掉之后，股价稍微上涨一点儿就特地从外地坐火车赶到东京来向我抱怨。

1990年进入下跌行情以后，有几个人的股票跌破买入价是止损卖掉的，当初我叫他们卖掉股票的时候，他们听不进去。这些人后来到我的研究所来对我说：“当时您要是更强烈地叫我们卖股票，我们也就卖掉了，现在很后悔。”

真是可悲。

估计这些人到股市下一轮底部还是会重复以前的失败（低位犹豫不敢买，高位胆大舍不得卖）。

资金问题要时刻放在心上

1994 年元旦，多年未见的 K 先生来访。K 先生小时候的目标是职业高尔夫球手，大学毕业 6 年之后，他去东京郊外的 T 乡村俱乐部当高尔夫球研修生。K 先生的父亲是市议会议员，同时开了一家干洗店，但因投资股票把全部财产输光了。家里的干洗店由长子继承，K 先生是次子，因为喜欢高尔夫球，所以在 29 岁那年进了 T 乡村俱乐部学打高尔夫，虽然在年龄上有点儿迟。

1971 年，K 先生入会成为我的股票投资研究所的会员。K 先生目睹了其父的破产过程，知道其父的那种投资股票方法不行。一开始他说要为自己父亲复仇把亏掉的钱赢回来，但还是从单调的打基础开始学起，做价格笔记，绘制走势图，逐步开始买股票。

1966—1970 年，日本连续 5 年的经济景气扩张，K 先生在热络的股市上涨以及其后的下跌行情中赚了一些钱，但这反而没有给他带来好运。由于做投资股票，他反而不能专心地学习高尔夫球了，高尔夫球职业选手的选拔赛五次他都落选了，最后他放弃了当一名高尔夫球选手的梦想，在多摩川溪流边开了一家小小的钓鱼竿店，卖手工制作的钓鱼竿。从那时起直到 1989 年日本股市暴涨行情，他挣了几亿日元。

元旦过了几天，K 先生又打电话过来，约我一起吃晚饭。吃饭的时候，所谈的当然一直没有离开股市的话题。以下是 K 先生的谈话：

K 先生的第一个问题是，不考虑资金管理的交易不是投资股票。他说："我们投资股票的目的就是为了增加资金，但是大家对资金管理问题的考虑很欠缺。何止欠缺，简直完全没有考虑资金管理问题。

"比如一开始用 1000 万日元资金开始投资股票（年初）。每次开仓不可能百发百中，买了股票既有盈利的，也有可能亏损。但是，如果盈和亏相抵，到了年底变成 1300 万日元，那么年盈利率就是 30%。买了股票之后如果下跌了也不卖掉，继续拿着，下跌了之后对失败不进行处理，一直拿着这只股票，多少年也都一直在担心这只股票。拿着这只被套住的股票之后，人会变得很忧郁。在喝酒或者吃美味料理的时候也没味道，过着毫无乐趣的生活。但是有的人认为，其实不是这样的，进行投资股票像这些忍耐是必要的。

“在本次疯狂上涨的行情当中，‘逃顶’成功的只有我一个人。卖空赚到了下跌行情的也只有我一个人。到钓具店里来的客人当中也有一些人在做股票，有一些人不知道我投资股票这件事；还有一些人到我钓具店来不是来买钓鱼杆，而是到店后面的事务所来看我的资料和走势图；还有的人是耳闻我投资股票特地过来请教的。没有数过人数，估计有50多个人，也许更多。

“我卖掉股票的时间比林先生通知的时间还晚很多，但即使在那时候，我周围的人看到我卖掉股票，还嘲笑我说，接下来马上就要大涨，你这个胆小鬼。证券公司的人也这样说，周围的人也都这样说，说我胆子小。

“有一个人当时和我一起把股票卖掉了，但是他后来看到股票还在上涨，又重新买回了那只股票。还有的人和我一起卖掉股票，当时忍住没有马上买股票，但是在下跌的中途看到股票反弹，又抄底买进了股票。

“现在，保住了上涨行情盈利的人只有我一个，大家不仅亏掉了上涨行情盈利，甚至连本金也亏掉许多。到现在还死死地拿着高位买入的股票，或者和半山腰买入的股票，这些股票都亏惨了。他们对美酒佳肴都食之无味，生活毫无乐趣。

“让亏损限于小额的资金管理才是投资股票。林先生，你以为如何?”

水平难以想象的低

K先生的第二个问题（以下“我”＝K先生）。

外行的交易技水平，低到了我们想象不到的程度。用高尔夫球术语来表达，他们的水平比差点100还低。

林先生在《股票提高讲座》里写道，外行偏重知识，对技术马马虎虎，水平很低。问题是低到什么程度?

在高尔夫球场里也有这样的人，光懂理论知识，对技术马马虎虎。但高尔夫的水平再低，也有个限度，技术最低的是差点 36。去高尔夫球练球场练习过几次之后，如果能够把球打到 100 米到 150 米远，那个水平就相当于差点 36。但头一次打高尔夫球的人，如果硬要给其评一个差点应该有多少呢？

总之他水平很低，但是球应该向前面还是知道的。这样的水平大致可以评到差点 60～70，在高尔夫球的世界里这样的水平是最低的了，但一般股票投资者的水平之差，相当于差点 100 以下，无法想象有多么低。

由于最近是钓鱼淡季，没事我就到店面后边事务所里绘制股票走势图。有一些喜欢投资股票的人也过来谈论股票。在那里，我跟一些稍懂股票的人讲了我的“外行的技术＝差点 100”的观点，几乎所有的人都说我说得太极端、太刻薄了。

我的反驳是，打高尔夫球，不会任凭财产亏掉一半，生活和家庭全毁而继续用同样的方法打下去吧？谁都会在中途察觉而考虑改变打法，但投资股票的人，财产亏掉一半还是麻木不仁，即使亏得只剩十分之一，甚至到卖房子的地步，还是麻木不仁，无动于衷。

差点 100，就是说他们水平低到这个世上不存在、无法想象的地步。我最近一直在考虑这件事情，反复讲这个看法，而且更加确信这一点。当然，水平低的人也会读一些股票的书和报纸，他们的知识是有的，但那都是一些不必要的碎片知识、以兴趣为主的知识，最重要的资金管理的知识，他们却一无所知，那些以兴趣为主的知识大都零碎不全，给他们讲解，不知道他们到底能够理解多少。他们的交易技术低得可怜，在世上其他领域几乎找不到参照物。

资金管理

K 先生：“林先生，我说的极端吗？我认为您会赞成我的观点，但您不必现在马上答复我，一个月或者一年之后都可以。总之，股市这波行情上涨得如此疯狂，按理说应该有无数人发财致富才对，但据我所知，最后能保住盈利的人只有我和林先生，以及林先生的‘低价股选股’投资俱乐部的成员。我账户所在的××证券公司里这么多客户中，最后盈利的客户只有两个人，我和另一个客户。

“在我的亲戚中，到我钓鱼竿店后面的事务所来的股票爱好者中，尽管有很多人一时间盈利丰厚，但最后能保住利润的人一个也没有。

“我曾经也打算参加‘低价股选股’投资俱乐部，但考虑到与自己的流派不一样，所以最后没有参加。但我觉得这样更好，我相信正因为我坚持了自己的方法才获得了成功。”

K 先生属于技术派，而且是一个极端的技术至上主义者，无论什么东西，他都喜欢将其与技术联系起来。他发现打高尔夫球的人时时琢磨如何改进动作，以便球打得更好，但投资股票的人常常只做一些导致负面效果的行动，根本不思改进。一般的投资者还以为自己所做的投资活动都是建设性的，但站在第三者的角度观察，他们的所有行动都只会导致他们输钱。真的很悲哀，但事实就是如此。

资金管理的确很重要，这一点不仅 K 先生一直在强调，还有很多职业炒手也强调资金管理的重要性。

我再摘录一段讲述资金管理的文字，引自《期货市场的技术分析》（作者约翰·墨菲）：

资金管理

我这次到一家大做市商的调查部门工作以后，发现向他人推荐交易策略与自己亲自操作大不相同，交易策略倒没什么不同。市场分析、开仓时机等具体操作手法也没有多大变化，但到这里工作令我重新认识到资金管理的重要性。就是说，仓位的大小、头寸组合的构成、个别交易的金额等都会对最终的盈亏结果产生很大的影响。

当然，我本来就非常了解资金管理的重要性。在业内能够给客户何时买（或卖）股票、买（或卖）多少建议的人大有人在，毫不稀罕。但是每个交易应该投入多少资金？能够为客户提供这样的建议服务的人太少见了。有的交易员甚至说，资金管理相比交易手法更重要。我虽然没这么说，但也认为没有资金管理的交易员在市场上生存不了多久。能不能在期货市场上生存下去，就看你资金管理做得好不好。资金管理就是提高交易员生存概率的法宝。

关于工具

再谈一谈固定品种的交易。

首先摘录一段《波段交易法》一书的开头部分，练习的工具说明。

工具越少越好，但该有的必须备齐。初学者有各种各样的不安，因此总是收罗很多判断材料和工具，以期做到万无一失。除了必要的工具之外，还准备了大量用不到的工具，这对提高交易只有负面作用。

工具有：①价格记录本；②走势图；③学习笔记本。

工具的说明：价格记录本，分两种：一种是一页纸可以记录一个月的价格，另一种是一页纸可以记录三个月的价格。股票用一页纸记录三个月价格的（62 天）活页本方便，期货用一页纸记录一个月价格的活页本。

股票价格记录，星期天或者节假日不要空出来，竖着顶头记录。

期货价格记录，遇到节假日空开一行。

每天的价格不可以用铅笔记录，要用黑色的圆珠笔。

“低价股选股”投资俱乐部的专用价格记录本横格线是茶色的，因此用黑色的字体记录价格眼睛不容易疲劳。

“低价股选股”专用价格记录本横排可以同时记录 6 只股票的价格，如果记录 3 只股票，每只股票空开一列。

在价格记录本中只需要记录价格，成交量对于老投资者有参考意义，新手不需要记录。如果看不懂反而影响交易决策和对股票投资的适应期。在初学阶段要保证学习内容单纯，有的人眼睛总是自觉不自觉地瞄向成交量数据。所以，为了集中注意力，还不如干脆不记录成交量数据。

走势图：在每天的收盘价上画一个点，然后连接第二天收盘价画的点，每天日线收盘价点的连线形成一个连线走势图，用画图的方格纸竖着刻度是 1mm 表示 1 日元，横的方向是 2mm 表示 1 天，月份替换的时候用铅笔画一根竖线，这根竖线是月份交替线。它的作用是，比如说上涨开始以后，经过了两个月份交替的线，我们就要寻找卖空的机会，这个线对于判断交易时机是一个比较重要的线。

简单的东西反复练

老会员 M 先生打电话过来，说是请把下面三个问题写一下："①波段交易和价差交易一样，太简单了，所有的书上都没有写，谁都能够马上学会。②初学阶段没有必要过多考虑开仓平均价。③波段交易最后阶段要讲究技术，要设法让开仓平均价有利"。

"林先生，我讲得有道理吧？我有几个朋友也专做波段交易，他们每个人买的股票都不一样，对冲交易很少做，一年难得有一回。大家平时只是反复做简单的交易。"

"为什么新手喜欢把问题想得很复杂？"

"前几天，证券公司介绍了一个人过来，让我教他做波段交易。我让他先学习做价格记录和绘制走势图，过了两天，他拿来一个大学笔记本，上面用肮脏的笔迹记录着每天的开、高、收、低 4 个价格，还有走势图，走势图一开始画的是周线图，但在最后面用方格纸粘着接续下去，画的是日线图，刻度不统一，而且纸面脏兮兮的。"

"电话打得太久了，过一会儿我发传真给你。"

M 发来的传真（以下，我＝M，他＝M 的学生）。

我问他："你在周线后面接着画日线图，涨跌周期不就搞乱了吗？"显然他没明白我的意思。他还说："这只栗田工业股票波动厉害，容易赚钱。"

我听了呆若木鸡。据说他还是股票研究部会员呢，领教了。

我对他说："找低价股，这种股票的股价不太受外在消息的影响。走势图不要画得乱七八糟，要工整地、认真地画。找三个月波动的谷底介入。"

他回答："下跌三个月后买入，如果继续下跌的话怎么办？"

我说："你以前老是买在峰顶，卖在谷底吧？现在让你学的是低买高卖，你还不满意！你下一个狠心试试看。"

你猜他怎么回答？

他说："我才初学，不知道在什么地方买。我想请你教我在什么地方买，什么地方卖。"

我大声怒道："就是为了让你学会这些才让你做的！你的谱儿也太大了！怎么这么无知？"

总之，培养交易能力需要自己亲自实践。我认识的一个也是初学者的中年妇女，就从来不问"在这儿买行不行"这样的问题，她所有的交易都自己做决断，因此进步很快，在短期内就成长为一名职业炒手。

"再苦再累也不怕"只是某些人的口头誓言

《东京期货报》的社长讷石与我在1953年就认识了。当时他还是一名记者，我在隆祥产业期货公司营业部当一名业务员，我们是有40年交情的朋友。

讷石很喜欢期货、股票，对交易有独自的研究，也参加实际交易。

半年前，讷石到我公司访问，他的问题是：①电脑程序化交易的程序编写大致完成了，将其投入实际交易需要注意什么问题？②连证券公司的基金经理都没有"卖空"的概念，怎样才能给他们讲清楚？

我回答："1969—1974年，那几年我当雅马哈通商期货公司社长时，从客户中找了几个志愿者做了一个实验。内容是根据中源线交易法进行交易，实验者的交易水平能不能显著提高。有人当时还问：'什么交易法？能不能赚出生活费？'"

还有人问："实验者变成职业炒手了吗？那些人现在在哪里？"

讷石说："那个实验我知道。因为参加者太傻，现在停止了。"

第一个实验者是一家股票学习俱乐部的老会员。他表示，不管多么辛苦也要把红小豆期货的交易技术学到手。在电话中跟他说了实验的事情之后，他马上就赶过来了。

由他根据"中源线"的交易信号下单。然而只进行了一个月，他就亏了大钱。原因是，当"中源线"发出做多信号，而且还发出加仓做多的信号时，他却在强烈的涨势中平掉多单，反手做空。这个人在实验开始前花了两周左右的时间，从早到晚对“中源线”程序进行过验证：调出3年左右的交易实验，发现一年当中信号错误有5次，过后都赢回来了。因此，他才下决心参加实验。没想到不到一个月时间就不仅不遵守信号指示，还与信号指示反着干。

我还提醒他：“应该按照信号指示做，你不是发过誓的吗?”

此人声称不管多苦多累也要学好期货，而且还花了两星期时间检验“中源线”交易法，这才下决心参加实验，但是还不到一个月就遇到了挫折。看来他说的“不管多苦多累，这次下了大决心”等都是一派谎言。现在的人，谁都会信口开河，把“不管多苦多累也没事，这次下了大决心了”等誓言挂在嘴边。在教他们的人看来，这都是一些多么靠不住的人呀!

像我这样经营着投资咨询事务所，对这样的人和事经常耳闻目睹，已经见怪不怪，丝毫不会感到惊奇了。

到目前有的时候还会有投资者到我事务所来，想拜我为师。有一天，一位G先生说已经和夫人商量好了，吃多少苦都没事，想成为职业炒手。一开始决心都很大，但能坚持下来的人屈指可数。而且还不是强迫他学习范围狭窄的林派，而是先问他想学什么流派。比如这个流派，它的分支方法是这样的，这个不喜欢？那好，还有那样的让他考虑考虑，看哪个适合他？有的方法我也了解得不详细，因此教不了。但只要我懂的决不藏着掖着，一定毫不保留地教给G先生。

我给了G先生充分的考虑时间来决定，但没过几个月他就放弃了。不仅放弃，还与我教给他的方法反着做，遭受了更大的损失。他的水平之低令人难以想象，坏的操作习惯在他身上已经根深蒂固，不管用什么方法也难以教会他，他已经形成了本能地排斥正确东西的特质。越是这样的人，往往嘴上说得越漂亮。

本末颠倒的错误

像这种绝对赚不了钱的特质的人还很多，只要稍微交谈几句马上就能判断出来。

我们这些人正像木佐森吉太郎的名著《股票实践论》里写的一样，是一群每天没有行情涨跌就活不下去的人，不学好交易技术不行，因此才更加努力地学习。只要选对了道路，把平时一点一滴的努力积累起来才会开花。如果走错道路，不管花费多少努力也不会有好结果。

但那些绝对赚不了钱的特质的人是因为走的道路不正确，他们犯了本末颠倒的错误，但他们的智商并不低，只是因为他们沉迷于刺激，习惯于猜测行情。

平时谈话他们也都是一些谈吐正常的普通人，在公司里是经营者，在家里是一家之主，但一涉及投资股票他们就不按规则行事了。这些人，亏钱的形式也五花八门，有几年大亏一次的，有不断地小亏，越亏越多，等钱亏光了，再往里添钱。只要他们还在工作，就会不断地向账户里添钱。每年亏掉年收入的几分之一是他们的共同之处。这样的投资者到我公司来访，只要稍微谈上几句话，我就马上知道他们是不是属于“亏钱特质”的人，但我这“知道”是绝对不会说出来的。我已经见怪不怪，既不觉得他们可惜，也不同情他们。

有时候，我会对他们说“搞一个笔记本，把各种东西记录一下如何?”或“在你初学时更应该读一些基础的书”等，但我不会指责他们本末倒置，因为说也是白说。

一个一直在关注这个专栏的证券公司员工这样说：“绝对赚不到钱的人分两种：一种人是水平很低，投资股票纯属为了玩玩，这种人自己对在投资股票上花多少钱是有分寸的，你不必同情他。但对我们证券公司来说这种人是好客户。

“还有一种人是拼命想发财的人。这种人在某种状态下会发展到人生破灭、家庭崩溃的境地。旁人看得很清楚，但他已经看不见任何重要的东西。旁人在一年半载之前就会留意到，但谁也不愿忠告他，也不同情他。

“有一些公司的后台自营部喜欢把这样的客户当作反面指标与其对赌，我们公司是不会这样做的。但对这样的客户也加以特别注意，专门派一个经理每天查看他们的账户余额。

“为什么既不忠告也不同情？这一点可能林先生您也知道，就像陷入热恋的人看世界，眼睛会有一时性的盲目。见他处于那种精神状态下，贸然忠告的话，没准儿被他杀掉。”

这些赚不到钱的人到底是怎么了？平时是正常的人，一旦投资股票就不按规则办。是否他们脑子里的哪个部分的构造颠倒了？

有的人说他们欠缺“负”的概念，有的人说他们不知道、不理解卖空。归根结底，他们没有把交易当作实业来做的意识。

卖得掉的股票是好股票

有一位做股票很久，但水平一直不见长进的投资者，他的主业是卖家电。有一次他对我说：“新手总是异想天开，真是初生牛犊不怕虎，真敢干呀！在我的店面所在的那条街，隔了一条马路有人开了一家稍微有点儿奇怪的家电商店，老板是一个退休人员。他的家电店面布置比较新颖，因此比较受一些年轻夫妇的欢迎，开店之初来店的客人还挺多的，但看的人多，买的人少，他的投入并没有给他带来营业额的上升。开了一年，店就倒闭了，留下了超过两亿日元的债务。一开始给他带来麻烦的是扁长的电视机，刚摆放到架子上时顾客的反应还不错，于是他就进了 50 台。要是我，新产品一般是先接受客人预约之后再去进货，但这个人乐观地估计这种电视机可能会卖得很好，等一推出来可能会供不应求，在进货的时候没有跟批发商砍价，明知价格偏高也进了 50 台。然而，进货之后卖得不像他想象的那么好，他就慌忙降价。他的主观创意过于超前了，而且根据情绪化的判断来经营，进货价比较高、库存太多，而卖价却比进价还便宜。他这种做法是典型的武士商法（译者注：武士商法就是有一段时间武士随着时代的发展失业了，开始做买卖。比喻完全是外行的贸易法），与我们这些长期从事家电业的人的做法正好相反。他的这种做法不行吧?”

我听了之后回答说:“这家倒闭的店的做法不是正好与你投资股票的方法一样的吗?这正是绝好的样板。你家是祖传老店,在经营上有一套,只要遵守祖上传下来的方法就不会亏损。以后你投资股票最好也学我们这些可靠的、确实没有危险的方法来做,就像你商店经营一样。改成像你商店经营那样的做法如何?那样的话你在股市上也就不会亏钱了。确实这就是商人的眼力、商人的头脑和商人自己的做法。”

“不可以迷恋商品,这是作为一个商人的铁律。不管多么漂亮的商品都只是为了销售,绝不可以对商品着迷,舍不得卖,那样就会变得盲目。商品不是用来收藏的,而是为了销售的。人们是带着对未来的预期而交易股票、期货,对未来的判断必须冷静、客观。但做这种判断的是人,不是神,因此为了尽量冷静、客观,所以要记录价格和绘制走势图,而且是卖掉了股票才算达到目的。不管业绩多好的股票,在买的时候也必须考虑是否卖得掉。”

“即使你听到一条新闻说南非共和国选举,黑人发生暴动,黄金价格有可能上涨,你现在买黄金股票时也必须考虑是否卖得掉。”

“这点儿事情我懂。”

外行嘴里这么说,但他们失败的原因之一就在于对自己认定的股票和消息着迷。

投资股票或炒期货的人,不管听到什么消息都必须判断买(卖)了之后能否盈利。

商人的工作

我的股票俱乐部有一个老会员,除了投资股票之外,以前还开着一家蔬菜店。现在他已经把蔬菜店交给他儿子经营,自己专心投资股票。他有20年股龄,据说是一个股票高手。

我之所以知道他的股票做得好,这一点还是他开户的证券公司的人不久前告诉我的。证券公司的人说,他10年前突然水平变高,开始每年都盈利，有的时候到年底整个公司只有他一人盈利，有时到年底有几个人盈利，他也必然是这少数的几个人中的一个。

我与他不太熟悉，既没一起吃过饭，也没长谈过。每年他到我公司来一次是为了购买价格记录本和交会费，办完事就走。今年他来的时候我叫住他，问他："听说你10年前股票突然做得好起来了，是有什么机遇吗?"

他回答："有一次，先生问我是什么职业，我回答是卖蔬菜的。先生说，你股票的做法也应该模仿蔬菜店经营的方法，比如今天进的货有萝卜、西红柿、芋头，西红柿亏了，但若萝卜和芋头两者的赚头大于西红柿的亏损，今天就赚了。"

"不好的股票即使认赔也要卖掉。什么时候卖，凭感觉，很难讲。但一开始自己制定一个基准，慢慢地，你自己会明白今天西红柿即使认赔也要卖掉。"

"我听了先生的话，才知道原来如此。原来投资股票的方法与我开蔬菜店一样啊！从那以后我投资股票就越来越顺。"

期货市场自古以来就有"要有商人的眼光"的说法。期货品种中的棉丝、生丝、橡胶等是流通的上游，也就是原材料阶段，而一般消费者在商店里看到的是流通的下游，制成品，如衬衣等。因此，用消费生活的感觉去炒期货肯定是无法盈利的，因为交易的对象不同。所以，交易者也要培养自己像商人一样的眼光。

股市每天都公布成交量、持仓量、现货期货的价差等数据，一般投资者几乎都没有正确判断这些数据的知识。投资者要认识到自己知识的不足，不能总是停留在消费者的眼光看世界，要培养自己像商人一样的眼光，让自己的视野变得开阔。

很多人都想成为职业炒手，即使成不了职业炒手，也想水平提高一点儿。何止很多人，几乎所有的人都是这样想的。但水平怎样才能提高？水平绝不是由知识多少而定，而是由技术高低而定。

要把简单初步的东西掌握得扎实，一直扎实到自己有自信才行。

"知识多寡决定成功与否"是一种迷信。如果读者能够从这种迷信中解脱出来，前途才是光明的。

深切地祝愿读者都能通过努力取得成功。